U0135704

Learn to Earn

A Beginner's Guide to the Basics
of Investing and Business

彼得林區
學以致富

彼得‧林區 Peter Lynch、
約翰‧羅斯查得 John Rothchild——著
吳國卿——譯

Contents

序言

美國的中學忘了教導一門最重要的課程：投資。這是一個嚴重的疏失。我們教導歷史，但卻不教資本主義大步邁進這部分，也不教公司在改變（大部分是改善）我們的生活方式時扮演什麼角色。我們教導數學，但不包括如何以簡單的算術來敘述一家公司的情況，協助我們判斷其營運會成功或失敗，以及我們能不能透過擁有其股票而獲利。

我們教導家政課：如何縫紉、烹飪火雞，甚至如何編家用預算和記錄帳本。但我們忘了教導及早儲蓄是日後富裕的關鍵，以及把錢投資在股市是除了買房子之外最聰明的做法，還有愈早儲蓄和投資股市，你的長期獲利就愈可觀。

我們教導愛國，但談論的是軍隊和戰爭、政治和政府，而不談數百萬家或大或小的企業如何營運，然而後者卻是國家繁榮強大的關鍵。如果沒有投資人提供金錢來創立會僱用新員工的新公司，或協助舊公司擴張、變得更有效率和支付更高的薪資，我們所知的世界將會崩潰，人們將會失業，而美國也將隨之衰亡。

過去五年來，*昔日被稱作共產集團、被圍在鐵幕後的國家發生一件重大的事。這些國家的人民揭竿推翻他們的政府，把共產黨領導人趕下台，希望總有一天他們的生活可以改善。他們渴望民主政治、言論自由和宗教自由，然而除了各種人權外，他們也想要自由企業。這包括製造東西、銷售產品、在商店買東西、能擁有房子、公寓、汽車或自己的事業，這些都是直到不久前有半個世界的人口還無緣享受到的權利。

俄羅斯人和東歐人走上街頭、示威抗議、罷工、集會、發出怒吼，並奮力爭取我們已經擁有的經濟體制。許多人為這個目標遭逮捕入獄，許多人喪失性命，然而我們自己國家的學校卻不教導這種經濟體制如何運作、有何優點，以及如何藉由變成投資人來善加利用它。

投資很好玩，投資很有趣。學習投資可以變成一種讓人生在很多方面都更豐富的經驗。學習投資可以讓你生活於富足之中，但大多數人直到中年後才開始了解投資的竅門，而這時他們已經老眼昏花、腰圍有如水桶；他們在這時才發現擁有股票的好處，卻只能後悔沒有及早做投資。

在我們的社會，向來是由男人處理大部分理財事務，女人則在旁邊觀看男人笨手笨腳處理事情。但在投資這方面，女人完全可以和男人做得一樣好。而且沒有人可以靠遺傳獲得投資的竅門，所以當你聽到有人說「他是投資的天生好手」時，別輕易相信。投資的天生

好手都是神話。

理財的原則很簡單、很容易掌握。第一個原則是儲蓄等於投資。你把錢存在撲滿或餅乾罐裡不算是投資，但你只要把錢存在銀行，或者買儲蓄債券，或買公司的股票，你就是在投資。有人會利用那些錢來開設新商店、蓋新房子或新工廠，進而創造就業。更多就業意味有更多員工領到薪水。如果員工設法把部分收入儲蓄起來和做投資，整個過程就此周而復始。

每個家庭、每家公司和每個國家的財務都是如此。不管是比利時或波札那、中國或智利、莫三比克或墨西哥、通用汽車（GM）或奇異（GE）、你的家庭或我的，能為未來儲蓄和投資的人，未來就比一有錢就浪費的人更富裕。為什麼美國是一個如此富裕的國家？因為美國曾經是世界上儲蓄率最高的國家之一。

一定有許多人告訴過你，接受良好的教育很重要，如此你才能找到有前景的工作，領到不錯的薪水。但他們可能沒告訴你，長期來看，你未來的富裕不只是取決於你賺多少錢，還要看你如何善用這些錢來儲蓄和做投資。

開始投資的最佳時間是你年輕時，我們在後面章節將深入討論這點。你給投資成長的時間愈久，最後得到的財富就愈多。但這本介紹理財的書並不只是給年輕人看，而是寫給任何年齡的人，寫給任何對股票感到困惑、卻還沒有機會學到理財基本原則的投資初學者。

人的壽命愈來愈長，這表示他們必須比過去的人支付更久的生活開

銷。如果一對夫妻已經活到65歲，他們很可能很可能繼續活到85歲；如果他們活到85歲，很可能其中一個能活到95歲。為了支應生活開銷，他們需要額外的錢，而要賺這些錢最保險的方法就是投資。

從65歲開始投資不算太晚。今日65歲的人可能還有二十五年的時間讓他們的錢繼續成長，讓他們可以得到額外的收入，用以支付二十五年的額外開銷。在15或20歲時，你很難想像自己有天會變成65歲，但如果你養成儲蓄和投資的習慣，到那時你的錢將已為你工作五十年。五十年的儲蓄和投資將製造出驚人的成果，即使你每次只儲蓄和投資一小筆錢。

投資愈多，你未來就愈富裕，而國家也會愈富裕，因為你的錢會幫助創造新事業和更多就業。

前言
我們熟悉的公司

當一群人一起做生意，他們通常會組織一家公司。世界上大多數商務是由公司進行的。「公司」（company）這個詞源自拉丁文，意思是「同伴」（companion）。

公司的正式名稱是「股份公司」（corporation），這個詞源自另一個拉丁文「corpus」，意思是「群體」，這時候的意思是一群人聚集從事商業。「屍體」（corpse）也源自「corpus」，但與這裡談到的主題無關，因為屍體不能做生意。

要組織公司很容易，只要支付一小筆手續費，在你想登記地址的州填幾張表格，就可以完成手續。德拉瓦州是最受歡迎的選擇，因為當地的法律對企業很友善，但每一州每年都有成千上萬的公司組成。每當你看到公司名稱後面加了「Inc.」，就表示這家公司已經填寫表格成為股份公司。「Inc.」是「Incorporated」的簡寫，代表「已登記成為公司」。

從法律的觀點看，股份公司是一個單獨的個體，可以因為不良行為而受懲罰，通常是被處以罰款。這是企業主不厭其煩要登記成股份公司的主要原因，如果他們做錯事而挨告，公司要承擔責任，而他

們可以規避懲罰。想像如果你未經允許擅自開父母的汽車撞上樹，你一定想，要是你已經登記成為公司那該有多好。

你記得埃克森石油（Exxon）的瓦爾狄茲號（Valdez）油輪在阿拉斯加擱淺，造成1,100萬加侖原油洩漏到威廉王子灣的災難嗎？這場浩劫花了好幾個月才清理完。油輪屬於美國第三大公司埃克森所有，在當時埃克森有數十萬名股東，他們都是這家公司的共同企業主。

如果埃克森不是股份公司，這些人可能每個人都分別吃上官司，為了不是他們造成的原油洩漏而損失畢生積蓄。即使埃克森被判無罪，他們也必須支付法律費用來為自己辯護，因為雖然在你被證明有罪前都是無辜的，你還是得付錢給律師。

這就是股份公司的妙處。它可能吃上官司，它的經理人和董事也可能挨告，但企業主──也就是股東──卻受到保護。他們根據法律就是不會被告。在英國，公司名稱後面會加上「有限」兩個字，表示企業主只承擔有限的責任，就和美國的公司一樣。（如果有人問你「有限」的意思，現在你知道怎麼回答了。）

這對我們的資本主義體制是極為重要的保障，因為如果公司一犯錯股東就會挨告，像你和我這種人就會害怕買股票變成股東。為什麼我們要承擔嚴重的石油洩漏災難、或漢堡裡發現一根老鼠毛、或企業每天都會發生各種錯誤的風險？如果不是承擔有限的責任，沒有人會想買任何一張股票。

私人公司與上市公司

美國絕大部分企業是私人公司,它們由一個人或一小群人擁有,而且所有權通常集中在一個家族。在每個城鎮每條大街的每個街區,你都可以找到私人公司的例子,它們也散布在美國和世界各國的都市,有理髮院、美髮沙龍、修鞋舖、腳踏車店、棒球卡店、糖果店、舊貨舖、古董店、二手店、蔬果攤、保齡球館、珠寶店、二手車銷售場,以及地方上的家庭餐廳。大多數醫院和大學也是私人公司。

這些企業被稱作私人企業,是因為一般大眾不能投資它們。如果你晚上住在好夢屋(Sleepy Holler)汽車旅館,對那裡和經營的方式十分滿意,你不太可能去敲經理的門,要求變成旅館的合夥人。除非你與業主是親戚,或老闆有兒子或女兒想和你成親,否則你得到這家企業股票的機會幾乎是零。

要是你晚上住在希爾頓(Hillton)或萬豪飯店(Marriott),而且對那些地方印象很好,那會有什麼不同?你不必敲任何門或跟誰的兒子或女兒結婚,就能成為業主。你要做的就只是下單買股票。希爾頓和萬豪飯店在股票市場出售它們的股票。任何這麼做的公司就稱作上市公司。

(雖然美國的私人公司比上市公司多,但上市公司通常規模大得多,這是大多數人為上市公司工作的原因。)在上市公司,你和你的父母、莎莉嬸嬸或你的街坊鄰居,都可以買股票,並自動變成業主。一旦你付錢後,就能得到一張憑證,稱作股票證書(stock certificate),證明你是股票擁有人之一。這張紙有真正的價值,你

隨時可以賣掉它。

就任何人都能成為業主來說，上市公司是世界上最民主的機構。它是真正機會平等的例子，它不管你的膚色、性別、宗教、星座、國籍，或者你是不是有姆囊炎腫、長痘子或有口臭。

即使麥當勞（McDonald's）的董事長跟你有過節，他也無法阻止你變成麥當勞股東。股票都在股市流通，每週有五天、每天有六個半小時不斷被買進賣出，誰有現金能支付其價格，愛買多少都可以。這適用於麥當勞，也適用於今日美國的其他1.3萬家上市公司。上市公司到處都有，它們從早到晚圍繞在你四周，你擺脫不掉它們。

耐吉（Nike）、克萊斯勒（Chrysler）、通用汽車（General Motors）、蓋普（Gap）、波士頓凱爾特人隊（Boston Celtics）、聯合航空（United Airlines）、史泰博（Staples）、溫蒂（Wendy's）、可口可樂（Coca-Cola）、哈雷（Harley Davidson）、太陽眼鏡屋（Sunglass Hut）、漫威漫畫（Marvel Comics）、柯達（Kodak）、富士（Fuji）、沃爾瑪（Wal-Mart）、樂柏美（Bubbermaid）、時代華納（Time Warner）和溫尼貝戈（Winnebago），這些公司有哪些共通點？他們都是上市公司。你可以玩字母遊戲，從A到Z，用每個字母代表一家上市公司。

在家裡、在街上、在學校四周和在大賣場每個角落，你都一定會看到這些大公司的蹤影。幾乎所有你吃的、穿的、讀的、聽的、搭乘的、躺的，或漱口用的，都是它們製造的東西。從香水到小刀、浴缸到熱狗、螺絲釘到指甲油，都是由你能當股東的企業所製造。

你的床單可能來自西點史蒂文斯公司（Westpoint Stevens）；鬧鐘收音機來自奇異（General Electric）；馬桶、洗臉盆、水龍頭來自美國標準（American Standard）或艾爾傑（Eljer）；牙膏和洗髮精來自寶鹼（Procter & Gamble）；刮鬍刀來自吉列（Gillette）；乳液來自美體小舖（Body Shop）；牙刷來自高露潔棕欖（Colgate-Palmolidve）。

穿上你的鮮果布衣（Fruit-of-the-Loom）內衣，和你在蓋普或Limited買的、由Hagar或Farah製造的襯衫和長褲（它們的布料來自Galey & Lord，而之前的纖維則由杜邦化學〔Du Pont Chemical〕所生產）。繫上你的銳跑（Reebok）鞋帶，或是你在Foot Locker買的、用花旗銀行威士卡（VISA）刷卡付款的Keds帆布鞋。你已經跟十幾家上市公司發生關係了，而你連早餐都還沒吃呢。

坐在早餐桌前，你將發現通用磨坊（General Mills）供應的Cheerios麥片；家樂氏（Kelloggs）的Pop Tarts果醬餡餅、Eggo鬆餅；海冠公司（Seagram）製造的純品康納（Tropicana）柳橙汁，雖然海冠生產的威士忌還比果汁更出名；菲利普莫理斯（Philip Morris）供應的糕點，這家公司除了生產萬寶路（Marlboros）香菸外，也製造卡夫（Kraft）乳酪和Oscar Mayer熱狗。你的土司可以從Toastmaster生產的烤麵包機跳出來，這家公司從1920年代就開始營業，現在還生意興隆。

咖啡壺、微波爐、瓦斯爐和冰箱都由上市公司製造，而你和你父母購買食物的大型超級市場，也都是上市公司開的。

也許你搭乘由通用汽車製造的巴士上學，巴士使用的鋼鐵則來自伯利恆鋼鐵公司（Bethlehem Steel），擋風玻璃出自PPG Industries，輪胎由固特異（Goodyear）製造，輪圈產自Superior Industries，所用的鋁則向美國鋁業（Alcoa）採購。巴士使用的汽油來自埃克森（Exxon）、德士古（Texaco）或許多家上市石油公司之一。巴士向安泰保險公司（Aetna）投保；巴士本身可能由Laidlaw擁有，這家公司經營許多學區的巴士系統。

你書包裡的書可能是由一家上市出版公司出版的，例如麥格羅希爾（McGraw-Hill）、霍頓米夫林（Houghton Mifflin）或西蒙與舒斯特（Simon & Schuster）。西蒙與舒斯特正是本書的出版商，它是派拉蒙（Paramount）的子公司，而派拉蒙不久前才買下麥迪遜廣場花園（Madison Square Garden）、紐約尼克籃球隊（New York Knicks）、紐約遊騎兵冰球隊（New York Rangers）。另一家上市公司維康（Viacom）則在1994年的一樁併購案中併吞了派拉蒙。

併購在企業界隨時都在發生。在華爾街發生的進攻與征服，遠多過派拉蒙製作的任何戰爭電影；或者由原本隸屬MCA旗下的環球製片廠（Unviersal Studios）所製作的戰爭片（環球製片已被日本人買下）；或者MCA本身拍攝的電影（MCA現在已是海冠的一部分）。

也許你吃的學校午餐是由雷神公司（Raytheon）在一座艾瑪納雷達（Amana Radar）農場烹飪的，而雷神也是製造愛國者飛彈（Patriot missile）的公司。或者你可能開車從校園到最近的一家上市漢堡連鎖店用餐，例如麥當勞、溫蒂或漢堡王；漢堡王的母公司是英國的上市公司大都會（Grand Metropolitan）。你喝的可口可樂和百事可

樂都來自上市公司，而百事公司（Pepsi）也擁有塔可貝爾（Taco Bell）、必勝客（Pizza Hut）、佛禮托來（Frito-Lay）和肯德基（Kentucky Fried Chicken），所以百事公司的股東也同時投資這麼多公司。

賀喜（Hershey）巧克力、箭牌（Wrigley's）口香糖、Tootsie Rolls糖，和大多數販賣機裡的糖果都是上市公司生產的，除了士力架巧克力（Snickers）是由瑪氏（Mars）家族製造的。

當你下午回家，拿起電話打給男朋友或女朋友時，你使用的服務由上市電話公司提供，如果是長途電話，那麼你將同時使用三家上市公司的服務：「小貝爾」（Baby Bell，包括NYNEX、PacTel等公司）服務短程的市內服務；長途電話公司（Sprint、MCI或原始的「媽貝爾」〔Ma Bell〕AT&T）則把電話接到市外；最後在電話那一頭又由另一家「小貝爾」提供服務。

你可以買進這些公司中任何一家的股票，以及供應這些公司電纜、交換器等產品的供應商，或製造和發射電信衛星的公司，以及生產電話機的製造商。

你的電視機是由上市公司製造，很可能是日本公司。如果你是有線電視訂戶，八九不離十會是一家上市有線電視公司。在三大電視網中，哥倫比亞廣播公司（CBS）不久前被西屋（Westinghouse）收購，國家廣播公司（NBC）由奇異擁有，而美國廣播公司（ABC）則與迪士尼（Disney）合併。西屋、奇異和迪士尼都是上市公司，擁有有線電視新聞網（CNN）的透納廣播（Turner Broadcasting）也是；透納也已經同意與時代華納合併。

你可以透過買進金世界（King World）的股票，來投資《危險境地》（*Jeopardy*）、《幸運輪盤》（*Wheel of Fortune*）和歐普拉（Oprah）等節目；金世界是一家上市公司，製作和發行這三個節目和其他節目。你可以藉購買梅鐸（Rupert Murdoch）的新聞公司（Newscorp）股票，來投資《辛普森家庭》（*The Simpsons*）或《警察實錄》（*Cops*）；新聞公司擁有二十世紀福斯電視台（Twentieth Century Fox Television），福斯則擁有這兩個節目。Nickelodeon電視網、Nick at Night電視網和MTV屬於維康（Viacom），而維康也是百視達錄影帶店（Blockbuster Video）的母公司。

大部分在電視上打廣告的產品都由上市公司製造。許多這類廣告是由上市廣告代理商寫文案和製作，例如Interpublic集團（IPG）。

要唸出一千家大型上市公司的名字，可能比想出十家大型私人公司還容易。雖然私人的小型家庭事業很多，但如果談到大公司，要找到一家未在公開市場出售股票的公司的確不容易。前面已經提到，生產瑪氏巧克力、星河巧克力（Milky Way）和士力架巧克力的瑪氏公司還是私人公司。製造牛仔褲的利惠公司（Levi Strauss）也是。幾家保險巨人如恆康天安（John Hancock）屬於互助公司（mutual company），但可能不會維持太久。

幾乎所有的連鎖店，或你想得到的速食店、每一家大製造商、每一家有品牌產品的公司，你都可以當它們的股東。你得支付的錢可能不像你想的那般昂貴，事實上，只要花比神奇王國（Magic Kingdom）門票多一點的價格，你就能變成整個迪士尼帝國的部分

股東，而只要20客麥香堡（Big Macs）加上薯條的價格，你就能變成麥當勞的業主，和許多華爾街的大亨平起平坐。

不管你年紀多大，或你這輩子會買多少股票，當你走進麥當勞、玩具反斗城或電路城（Circuit City），看到顧客排隊購買商品，而且知道你擁有如此大好生意的一小片，滾滾而來的獲利最後有一小部分會流入你口袋，你總是會感到十分欣慰。當你在電路城購買攝影機或在百視達租影片時，如果你是這些公司的股東，你花的錢真是肥水不落外人田。

這是我們生活方式很重要的一部分，也是美國開國元老們做夢也沒想到的。從大西洋到太平洋，超過5,000萬名男女老少已成為1.3萬家上市公司的股東。成為公司股東是讓社會大眾參與國家成長與繁榮最棒的方法。這是一條雙向道，當一家公司出售股票時，它可以利用籌得的資金開新商店，或蓋新工廠，或更新產品，以便銷售更多產品給更多顧客，和增進公司獲利。當公司變得更大和更興盛，股票就變得更有價值，使投資人能從他們正確的投資獲得報酬。

另一方面，生意興隆的公司有能力給員工加薪，並讓他們循序升遷到較高和較重要的職務。這些公司也會因為獲利增加而繳更多稅，因此政府會有更多錢可以花在學校、道路和其他造福社會的計畫上。這整個有益的循環是從像你這樣的人投資在公司開始。

投資人是資本主義鏈結的第一環。你能設法儲蓄的錢愈多，能買到的公司股票就愈多，你未來的生活就可能更富有，因為如果你聰明地挑選股票，而且能保持耐性，你的股票在未來的價值就遠超過你購買它時的價值。

1 資本主義簡史

資本主義誕生

當人們製造東西並銷售它們來交換金錢時，資本主義就誕生了。若不是製造東西，就是人們提供服務以交換金錢之時。在人類歷史大部分時候，資本主義是一個陌生的概念，因為大部分世界人口從未接觸到錢。數千年來，一般人終其一生沒有買過任何東西。

許多人是農奴、奴隸、僕役，為擁有土地和地上一切東西的主人工作，換取免費住在小茅屋裡，並分配到一小畝田地可以種植自己的蔬菜。但是他們不領薪水。

沒有人抱怨工作領不到薪水，因為沒有地方可以花錢。偶爾會有一小隊流動商販經過城鎮，形成一個市集，但通常是孤立的活動。國王、王后、王子、公主、公爵、伯爵等，這些人擁有所有的財產——建築物、家具、牲口、牛車，從珠寶到鍋碗瓢盆的所有東西——而且只供給家人使用。他們不曾想過賣土地，即使這麼做能從中獲得厚利，而且可以少花一些除草的力氣。城堡前面不會有「待售」的標示，取得房地產的唯一方式是繼承，或用武力奪取。

在世界許多地方，從最早的猶太教時期一直延續到基督教文明，以獲利為目的的商業是被禁止的活動，而借錢給他人並收取利息可能讓你被逐出教會或猶太教堂，並保證你將來在地獄有一席之地。銀行家惡名昭彰，人們往往避而遠之，會見他們時也得躲躲藏藏。從交易獲利，或追求富裕的生活，都被視為自私、不道德的行為，與上帝理想中井然有序的宇宙相違背。今日每個人都想改善自己的生活，但如果你活在中世紀，公開說你的目標是「獲得成功」或「改善自己的生活」，你的朋友會對你皺眉頭。成功的概念在當時不見容於社會。

如果你想更了解有市場之前的社會，以及人們為薪資而工作、並能自由花錢以前的生活，可以閱讀海爾布羅納（Robert Heilbroner）的經典著作《俗世哲學家》（*The Worldly Philosophers*）第一章，你會發現讀起來一點也不沉悶。

到18世紀末，世界已為商務廣開大門，國家之間有繁榮的貿易，市場在各地不斷興起。流通的金錢更加充裕，人們可以購買許多東西，商人也大發利市。店東、小販、貨運商和貿易商形成一個新商人階級，並且變得比擁有房地產和軍隊的王公貴族更富有、勢力更龐大。銀行家也走出密室，公開借錢給大眾。

美國的投資先驅

歷史書籍列出美國成功的許多理由——有利的氣候、肥沃的土壤、遼闊的國土、權利法案、優越的政治制度、不斷湧入的勤奮移民，以及兩側的海洋阻擋侵略者。後院的發明家、夢想家和策劃者，銀行、資金和投資人也應在這串名單上占有一席之地。

在美國歷史的第一章中，我們讀到有關印地安原住民、法國陷阱獵戶、西班牙征服者、弄錯航向的水手，傭兵、穿浣熊皮的探險家，和第一個感恩節晚餐的清教徒。但在這些場景背後，有人必須支付船艦、食物以及所有冒險的帳單。這些錢大部分來自英國、荷蘭和法國投資人的口袋，沒有他們，就不會有人到這片殖民地來殖民。

在建立詹姆斯鎮（Jamestown）和清教徒登陸普利茅斯岩（Plymouth Rock）的時代，沿著美國東岸有數百萬英畝的荒野，但你沒辦法任意把船開到那裡、選一個地點、從森林清理出空地，然後開始種植菸草，或與印地安人交易。你必須獲得國王或女王的許可。

在那個年代，國王和女王掌控一切大權。如果你想在王室的土地上（也就是地球上大部分的地方）做生意，你必須取得皇家執照，亦即「公司特許狀」（charter of incorporation）。這些執照就是現代公司的前身，當時的企業家如果沒有取得特許，就無法開業營運。

像賓州貴格教派（Quakers）這類宗教團體，當時就取得特許狀，許多商人團體也是，例如建立詹姆斯鎮的公司。取得王室批准屯墾一片土地和建立殖民地後，你還必須尋找資金來源。這就是最早期股票市場出現的背景。

早至1602年，荷蘭人就已開始買賣聯合荷蘭東印度公司（United Dutch East India）的股票，這是全世界第一檔大眾化的股票，在全世界第一個大眾股票市場交易，地點就在阿姆斯特丹一座跨越阿姆斯特爾河（Amstel River）的橋上。成群喧鬧的投資人聚集在橋

上，嘗試吸引股票交易商的注意，當他們互相推擠的動作失控時，就得召喚警察來恢復秩序。荷蘭人花數百萬荷蘭盾（guilder）搶購聯合荷蘭東印度公司的股票；如果像今日許多公司以字首縮寫來代表，這家公司應該稱作UDEI。

總之，這家荷蘭公司從銷售股票籌得龐大資金，並把錢用在裝備幾艘船上。這些船啟程開往印度和東部的許多港口，運回來自遠東的最新商品，因為它們是當時歐洲最受歡迎的東西。

當樂觀者支付愈來愈高的價格購買聯合荷蘭東印度的股票、寄望這家公司能讓他們發財時，悲觀者則透過叫作「放空」的聰明操作方法來下注；這種17世紀發明的方法仍被今日的悲觀者使用。在聯合荷蘭東印度的例子裡，樂觀者證明是對的，因為股價在交易頭幾年就上漲一倍，而且股東定期獲得紅利，也就是今日所知的股利。這家公司持續營運了兩世紀，直到1799年後繼無力而結束生意。

你一定聽過，哈德遜（Henry Hudson）為了尋找通往印度的航線，駕駛他的船半月號（Half Moon）溯哈德遜河（Hudson River）來到今日的紐約；他犯了和哥倫布（Christopher Columbus）一樣的錯誤。你想過誰在背後資助這種白費力氣的探險嗎？我們都知道，哥倫布的資金來自西班牙的費迪南德國王（King Ferdinand）和伊莎貝拉王后（Queen Isabella），而哈德遜的資金來源則是剛才提到的荷蘭聯合東印度公司。

另一家荷蘭企業荷蘭西印度公司（Dutch West India Company），派遣第一隊歐洲人在曼哈頓島上殖民。當明努伊特（Peter Minuit）做了史上最著名的房地產交易、以價值60荷蘭盾（相當於24美元）

的一小堆裝飾品買下曼哈頓時，他是代表荷蘭西印度公司的股東做這筆生意。可惜這家公司存活得不夠久，沒能享受擁有所有昂貴的紐約鬧區辦公大樓的利益。

看到荷蘭人資助他們的新世界冒險，英國人也效法其做法。倫敦的維吉尼亞公司（Virginia Company）擁有從卡羅來納到今日的維吉尼亞州、以及往北至今日紐約州這片廣大區域的獨占權。這家公司資助進駐詹姆斯鎮的第一支遠征隊，寶嘉康蒂（Pocahontas）就在那裡救了史密斯船長（Captain John Smith），不讓她生氣的族人敲破他的頭。

詹姆斯鎮的移民在那裡工作，但並不擁有那個地方，這從一開始就是一個問題。他們受僱來開闢土地、種植作物和興建房屋，但所有的產業、進步和事業都屬於遠在倫敦的股東。如果詹姆斯鎮賺錢，真正的居民也分不到一分錢。

詹姆斯鎮的移民經過七年激烈的抗爭，終於爭取到規則的改變，讓他們也可以擁有私人財產。在當時這個結果似乎無足輕重，因為初始的殖民地宣告破產。但從詹姆斯鎮可以學到一個重大教訓：擁有財產和在企業中擁有股權的人，比較願意勤奮工作，也感覺較快樂，比未擁有這些權利的人更能把工作做好。

從馬里蘭（Maryland）到緬因（Maine）等沿海各地的商務獨占權，則被授予另一家英國公司——普利茅斯維吉尼亞公司（Virginia Company of Plymouth）。依照當年畫的地圖，新英格蘭大多被劃為北維吉尼亞的一部分。當清教徒在普利茅斯岩靠岸並跋涉到陸地上後，他們闖進了屬於普利茅斯公司的財產。

美國的小學生都學過，清教徒如何冒著生命危險追求宗教自由，他們如何搭乘一艘小船五月花號（Mayflower）渡過險惡的大海，如何捱過新英格蘭寒冷的冬季，與印地安人交朋友，獲得他們的南瓜食譜，但是這些故事從未交代他們如何取得所需的資金。

讓我們暫時重溫一下這個故事。清教徒先是離開英國，在荷蘭找到安身之處，也就是第一個有股票市場的國家——雖然清教徒跟股票沒有關係。在荷蘭安頓幾年後，清教徒無法忍受那裡，決定再度遷移。他們想到三個可能的地點：南美洲的奧里諾科河（Orinoco River）；紐約一個由荷蘭人控制的地區；或是由倫敦維吉尼亞公司（Virginia Company of London）提供給他們的一片地。

阻止他們行動的原因之一是缺乏現金。他們需要補給品和一艘船，但無力負擔這兩者。如果沒有財務協助，他們可能永遠滯留在歐洲，我們也不會在歷史書上讀到他們。韋斯頓（Thomas Weston）就是在這個時候出現的。

韋斯頓是倫敦一位富有的五金商人，他在新英格蘭有財產，且坐擁許多現金。他和他的夥伴認為，清教徒是絕佳的投資對象，因此向清教徒提出一項他們無法拒絕的提議。

韋斯頓的集團自稱「冒險家」（The Adventurers），雖然他們不是親自去冒險的人。他們同意集資讓清教徒到美洲，交換的條件是清教徒必須每週工作四天、連續七年，好讓殖民地賺錢。七年後合夥關係將結束，雙方分享獲利，然後清教徒就可以自由做他們想做的事了。

清教徒接受這些條件，因為沒有別的選擇，於是他們開始收拾行囊。然而到了最後一刻，韋斯頓突然大翻盤，改變了合約內容，把原本每週為企業工作四天的規定改為六天。這將使他們除了星期天外，沒有空閒時間種植後院的蔬果、修補衣服或敬拜他們的宗教。

在與韋斯頓爭論沒有結果後，清教徒決定在不簽合約、沒有任何旅費下出航；在此之前韋斯頓雖然已支付他們籌備的一切東西，但拒絕再提供任何金錢。他們必須出售為旅程製造的一部分奶油，以便繳納港口的稅捐，以便把他們在荷蘭裝備的虎尾草號（Speedwell）開出港口。

虎尾草號會漏水，所以他們被迫返回港口，且懷疑是船長和水手與韋斯頓串通好，故意造成船身的裂縫。他們大部分人擠上另一艘比虎尾草號小、速度也更慢的船——五月花號。

他們擠在五月花號上，啟程前往他們在維吉尼亞的應許之地，然而他們卻偏離航線，把船開到比目的地更遠的地方。在發現錯誤後，他們嘗試掉頭往南，但鱈魚角（Cape Cod）的岩石和淺灘阻擋了他們的通路。與其冒著在這片險惡的陌生水域沉沒的危險，他們決定在普若溫斯鎮（Provincetown）港下錨。

他們從那裡遷移到普利茅斯，在普利茅斯蓋起住所，並栽種作物。由於韋斯頓已經斷絕資金供應，清教徒需要現金的新來源。他們與另一群投資人（由皮爾斯〔John Peirce〕帶領）和擁有土地的普利茅斯公司（Plymouth Company）達成一項新交易。

清教徒每人都有100英畝土地，不限用途供其使用；皮爾斯則有每位清教徒所得之100畝土地的所有權。此外，皮爾斯和其他投資人各可獲得1,500英畝的土地，交換他們資助清教徒其餘的遷移支出，並為殖民地提供資金。

在他們要操心的許多事中（例如，如何度過寒冬、如何與原住民和平共處等等），清教徒必須擔心如何償付資助他們大筆金錢的投資人，包括以皮爾斯和韋斯頓為首的兩群人。雖然我們喜歡把清教徒想成他們心心念念只有上帝，但他們跟我們所有人有著同樣的問題——帳單。

在普利茅斯殖民地開張一年後，五月花號空著船倉返回英國——沒有皮毛、珠寶、作物，沒有任何投資人可以轉賣的東西。普利茅斯公司已經虧錢、而且持續一季又一季虧損下去，這讓投資人非常沮喪，就像投資報酬率掛零的投資人向來會有的反應。更糟的是，他們必須載運更多補給品到殖民地去，所以成本不斷升高。

到1622年，韋斯頓已受夠了普利茅斯和資助沒有任何回報的清教徒，所以他把這個事業的股份送給他的夥伴「冒險家」。另一方面，皮爾斯則在其他投資人後面使計謀，企圖掌控普利茅斯公司，以便他可以當上「普利茅斯殖民地領主」。結果他沒有得逞。

有五年之久，清教徒和投資人繼續為錢爭論不休：清教徒抱怨資助不夠，投資人則抱怨獲利太少。到了1627年，合夥關係告吹，惱怒的投資人把整個殖民地以區區1,800英鎊賣給清教徒。

由於清教徒沒有1,800英鎊，他們不得不以分期付款方式買下

殖民地：每年支付200英鎊。這是美國歷史上首見的融資併購
（leveraged buyout），也是1980年代著名的奈畢斯寇（RJR
Nabisco）交易案之先驅；奈畢斯寇交易案後來被寫成書和拍成電
影《登龍有術》（*Barbarians at the Gate*）。（在融資併購中，付不
起錢的收購者利用借款方式買下一家公司。）清教徒的融資併購也
是美國歷史上第一樁員工接管公司事業的案例。

接下來是故事中最精彩的部分。清教徒在終於能自己作主後，馬上
決定要過共產的生活方式：他們聚集資源，且個人不得擁有私有財
產。當時的清教徒領袖布雷德福總督（Governor William Bradford）
很快發現共產式的安排會失敗，他發現如果沒有私有財產，人們就
沒有辛勤工作的誘因。如果殖民地的所有居民不管是工作或無所事
事，都能得到相同的福利（食物、住家等等），他們何必辛苦工
作？

幾位有遠見的居民向布雷德福總督陳情，要求改變制度，讓農夫和
漁夫可以擁有自己的農場和小船，以便從各自的努力賺錢。他們反
過來藉由繳納獲利的稅金來支持社區。由布雷德福創設的這種自由
企業制度，基本上和我們今日的制度相同。

獨立仍不足以解決清教徒的財務問題。儘管他們勤奮工作，殖民地
的債務仍從1,800英鎊增加到6,000英鎊。更多清教徒從荷蘭渡海而
來，以便擴大捕魚船隊。他們希望靠捕魚的獲利來償付部分債務，
但始終捕不到足夠的魚。在長達十年間，殖民地與債權人的協商持
續進行，直到爭議在1642年徹底解決。

清教徒協助建立了現代美國的社會、政治、宗教和經濟基礎，但對

投資人來說，他們只是一個倒閉的事業。韋斯頓、皮爾斯和他們的夥伴在這場創業中是大輸家，由於他們都不是傻瓜，因而更凸顯出投資是一件高風險的事，即使是再周詳的計畫也可能失敗。也或許他們罪有應得，因為他們是如此狡滑、不光明磊落，違背了初始的交易。

在這個例子裡，社會大眾可能很慶幸沒有機會買股票——清教徒不是一家上市公司，不像荷蘭西印度和荷蘭東印度公司那樣。但歐洲的大眾還有其他機會可以參與發新世界財，並且得到同樣悲慘的結果。例如時運不濟的密西西比公司（Mississippi Company）和南海公司（South Sea Company），兩家公司都在18世紀初創立，並出售股票給巴黎和倫敦股市成千上萬容易受騙上當的顧客。

密西西比公司是由工於心計、且能言善道的約翰‧羅（John Law）所創立。約翰‧羅是那個年代最具傳奇性的人物之一，他在家鄉蘇格蘭因生意失敗而與人決鬥，在殺死對手後跑到法國，靠著花言巧語得以晉見國王路易十五（Louis XV）。當時路易十五尚未成年，皇室的決定權都操在攝政王奧良公爵（Duke of Orleans）手中。

結識皇室是當年出人頭地唯一的方法，而約翰‧羅相信，攝政王和他可以解決法國龐大的國債問題。

約翰‧羅的計畫是讓法國僱用一家印刷廠，開始印鈔票，用來償付債務。紙鈔在當時世界各地都是相當新的概念，而攝政王很喜歡這個概念——事實上，喜歡到他讓這位來自蘇格蘭的移民完全掌控法國皇家銀行（Royal Bank of France）以及皇室印鈔廠。

不久後，約翰·羅的紙鈔已經流通各地。幾乎在一夕間，他從一個外國人變成掌控法國金融的國王，和富有程度僅次於路易十五本人的巴黎居民。

隨著他在民意調查得到的支持度上升（不管當年他們用什麼方法調查），約翰·羅宣布了他第二個大計畫——密西西比公司。計畫的目的是從密西西比河鄰近地區帶回想像中的龐大財富。密西西比河流經路易西安那地區，最早由法國探險家（柯爾伯特〔Colbert〕、喬利埃特〔Joliet〕、馬凱特〔Marquette〕）發現，後來由法國宣布占領。在法國國內的人以為路易西安那是另一個墨西哥，富藏等著被搜括的白銀和黃金。約翰·羅本人從未到過密西西比，甚至從未踏上新世界的土地，但他有高明的推銷本事，可以讓大眾相信他們聽到的神奇故事是真的。

就像搖滾音樂會的歌迷，歇斯底里的巴黎人衝進約翰·羅豪宅附近像迷宮般的巷弄，揮舞手中的法國新鈔，爭搶著要求約翰·羅的業務代表接受他們的購股申請。股票價格節節攀升，約翰·羅公司的（紙上）身價也水漲船高，甚至超過所有法國流通的黃金。而買家還繼續湧進。

當時幾乎所有法國人都染上密西西比熱，夢想著並不存在的密西西比黃金。但他們沒有任何有關約翰·羅公司的資訊，除了他本人對外公布的事以外。且當時沒有《華爾街日報》或《晚間商業新聞》來告訴他們，約翰·羅的計畫不可能成功。事實上，每當有人質疑他或他的公司，就會悄悄被運到城外遙遠的監獄裡。

每當一大群人把畢生積蓄押注在毫無希望的提議時，那就叫作「狂

熱」或「泡沫」。這個模式永遠相同。狂熱的投資人支付荒謬的價格，爭搶加入騙局的機會，最後價格終於崩潰而暴跌。在密西西比「泡沫」爆破後，人們發現約翰‧羅的公司只是一個空殼，約翰‧羅只不過是奧茲王國的金融巫師（financial Wizard of Oz），投資人嘗試拋售股票，卻發現沒人想買。他們損失畢生積蓄，密西西比公司倒閉，銀行體系也隨之崩潰。就像約翰‧羅在一夕之間變成法國英雄一樣，他也在轉眼間淪為法國公敵。

英國也有自己版本的密西西比公司——創立於1711年的南海公司。主事者的一切做法都模仿自約翰‧羅。南海公司承諾，如果英國皇室能授予他們與「南海」國家交易的獨占權，特別是墨西哥和秘魯，他們將代為償付英國龐大的軍事債務。

1720年，南海公司宣布一項新計畫，要借給政府足夠的錢，以償還整個國家的債務，包括軍事和其他債務，只要政府同意支付貸款5％的利息。在此同時，這家公司開始出售更多股票，半數倫敦人坐在馬車上，湧向股票市場所在的交易巷（Exchange Alley），一心一意想買股票。這造成嚴重的馬車塞車，附近的巷子一連數週難以通行。

南海公司的股票需求如此高，以致於在英國國會通過債務交易後，股價在一夜之間翻漲三倍。一位英國政治人物甚至警告大家，應該把錢留在自己口袋裡。但在這類泡沫中，沒有人會想聽理性的勸說。

當南海公司的主事者因為賣股票而致富的消息傳出後，其他想發財的人也紛紛創立公司。各家公司都有一個千奇百怪的騙局：一架永

不停止的機器、巴勒斯坦聖地的鹽田、從維吉尼亞進口胡桃木樹、用熱空氣乾燥麥芽、從鋸屑製造木材、發明一種全新的肥皂。一家公司拒絕告訴投資人打算怎麼利用他們的錢，其描述公司的目的如下：「建立一個具有莫大優勢的事業，但沒有人能知道是何種事業。」

王公貴族和販夫走卒、商人和僕役，各行各業和社會各階層的人，都被吸入倫敦股市，期待能迅速致富。當泡沫終於爆破，英國人遭到和法國人一樣的痛楚，南海股票的價格直線下墜，人們損失畢生積蓄，英國金融體制也瀕臨崩潰邊緣。

南海公司的董事一個個接受審判，財產被沒收，並被送進監牢，其中有一些住進惡名昭彰的倫敦塔。牛頓（Isaac Newton）爵士也遭到泡沫波及，損失了許多錢。他說：「我可以計算天體的運動，但無法計算人的瘋狂。」

南海災難給了股市如此的污名，以致國會通過一項法律，禁止任何公司購買或出售股票，不管從事的事業是什麼。股市遭到廢除，所有交易陷入停頓。股票經紀人從城裡最受歡迎的人，頓時遭到眾人唾棄，名聲比扒手、強盜或娼妓都不如。

這對股票來說是個悲哀的開始，但從此以後情況大為改善，尤其是在最近數十年。

早期創業家

在大西洋的另一方，原本受僱於企業而來到美洲殖民地的移民，漸

漸開始創立自己的事業。

各式各樣的公司在18世紀初開始建立，獨自開業或與人合夥的商人很快發現成立公司的好處。過了不久，在美國獨立後，美國人接受公司概念的速度還遠比歐洲人迅速。沒有其他主要工業化國家——英國、法國、德國或日本——像美國那樣創立如此多的公司。

事實上，有數家在近三百年前創立的公司至今還在營業！當你想到這期間經歷的戰爭、恐慌、蕭條和其他美國曾發生的災難時，你不得不讚嘆這是很了不起的事。許多世代來了又去，產品流行後又褪流行，城鎮燒毀、森林被砍伐、街區被拆除，很少有東西能從18世紀初留存到今日。但當年生產馬鞭的羅茲父子公司（J.E. Rhoads & Sons），從1702年屹立至今。

如果不是1860年代有幾位聰明的經理人，羅茲父子公司早就可能消失了。他們看到鐵路興起，發現製造馬鞭在沒有馬車的世界沒有前途，於是重新改造工廠，開始生產輸送帶。

德斯特公司（Dexter Company）1767年在康乃狄格州溫瑟洛克斯（Windsor Locks）是一座磨坊，兩百多年後仍舊生意興隆，但已經不做磨坊生意了。和羅茲父子一樣，它因為反應靈敏的經理人懂得與時俱進而得以長久生存。當磨坊產業逐漸沒落時，德斯特放棄磨坊，開始生產文具，後來又從文具轉變為生產茶袋，從茶袋再轉進膠水。今日這家公司為飛機生產高科技塗料和黏劑。

巴爾的摩的蘭德雷斯種籽公司（D. Landreth Seed）從1784年靠蔬菜種籽生存至今。它販賣種籽給住在維吉尼亞莊園的傑佛遜

（Thomas Jefferson），兩百多年後，它仍然販賣種籽給傑佛遜的莊園。如果一家公司生產絕不褪流行的好產品，它的生意就能長保興盛。

由於這些早期的公司沒有一家是上市公司，人們無法擁有它們的股票。（德斯特公司在1968年、201歲生日時上市。）在美國革命當時，沒有一家本土上市公司。最早的本土上市公司出現在革命後，稱為北美銀行（Bank of North America），創立於1781年。紐約銀行（Bank of New York）創立於1784年，是最早在紐約證券交易所（New York Stock Exchange）交易的股票，至今仍在那裡掛牌。

波士頓銀行（The Bank of Boston）跟隨紐約銀行之後上市，合眾國銀行（Bank of the United States）也不遑多讓，這家銀行的主要目的就是想辦法償付革命戰爭留下的債務。

殖民時期的美國沒有銀行，因為英國當局不准它們設立。美國在革命後矯正了這個問題，但即使如此，聯邦政府資助成立一家銀行仍然經歷許多波折，許多開國元老——特別是傑佛遜——不信任銀行家和他們的紙鈔。

美國最早期的股東和他們的歐洲前輩一樣，也支付太多錢購買銀行股票，而且他們對自己買的東西所知極少。買價愈喊愈高，直到價格漲到荒謬的程度，然而在華爾街，任何會漲的東西永遠也會下跌。銀行股在1792年的崩盤中墜落地面，那是華爾街歷史上第一次崩盤。一等塵埃落定，紐約州議會便通過一項類似倫敦曾通過的法律，規定股票買賣是犯罪行為，導致股票交易潛入地下。

這對一個年輕的國家是很好的教訓，也很值得今日年輕投資人借鏡。當你成為一家公司的股東後，只有公司成功你才賺得到錢，但大部分公司無法成功，這就是買股票的風險：你持有股票的公司最後可能一文不值。人們正是因為承擔這種風險而能獲得豐厚的報償——如果他們選對投資的公司。

投資人很慶幸擁有在麻州查爾斯河（Charles River）興建那座橋樑的公司。漢考克（John Hancock）是那家公司的創辦人之一，而查爾斯河橋股票的銷售則在1786年邦克山戰役紀念日（Bunker Hill Day）11週年那天舉行。當時有遊行過橋的儀式，還發射禮砲，接著是招待83名原始股東的盛大餐會。那是一個充滿歡樂的場合，接著是許多歡樂的年頭，投資人年年收到股利。

穩定的股利來自向過橋者收取的費用。使用這座橋的顧客可不像投資人那樣快樂，後來第二座跨越查爾斯河的橋蓋了起來，叫華倫橋（Warren Bridge），開始與第一座橋競爭。當時的計畫是等收到足夠償付第二座橋成本的過橋費後，就準備取消過橋費，讓人們可以免費過橋。但第一座橋的股東反對這項計畫，於是提出一直纏鬥到最高法院的訴訟。結果他們輸掉這個案子，坐收厚利的獨占事業也從此告終。

另一個效法查爾斯河橋模式的成功公司，是賓州的蘭卡斯特收費公司（Lancaster Turnpike）。蘭卡斯特發售股票，並且支付不錯的股利。同樣的，股利來自收取費城到蘭卡斯特間60哩公路的通行費用。這條公路的顧客和查爾斯河橋的過橋人一樣不怎麼喜歡付費，但他們寧可付費而不願駕著輕便馬車穿越田野和樹林。

收費公路、橋樑和運河公司，是後來興起的電車、鐵道和地下鐵公司的先驅。

金融制度之父

我們都認得華盛頓（George Washington）是美國國父，但少有人知道漢密爾頓（Alexander Hamilton）是金融制度之父。歷史書漏記了這部分，但若沒有金融制度，政治制度將無法運作。漢密爾頓功不可沒，他比較聞名的事蹟是差勁的槍手，輸掉了與布爾（Aaron Burr）的決鬥，但實際上他是個精明的經濟規劃者，也是紐約銀行的創辦人之一。

漢密爾頓知道國家沒有錢無法長治久安，而要有錢就必須設立銀行。這在今日看來是常識，但在當時，銀行是一個備受爭論的議題。

華盛頓同意漢密爾頓有關銀行的主張，甚至自己投資了一家銀行。華盛頓是亞力山卓銀行（Bank of Alexandria）的股東，開設的地點就在他位於弗農山（Mount Vernon）的家附近。但許多重量級人士反對漢密爾頓的想法，尤其是傑佛遜。傑佛遜是一位農戶紳士，他堅信靠耕作田地維生是一種美德，厭惡工廠和跟隨工廠滋長的都市。對傑佛遜來說，銀行是萬惡的根源，尤其是政府的銀行。

結果證明，傑佛遜不是個人理財的專家。他經手大筆的財富，但1826年過世時幾乎破產。他出手闊綽，尤其花費許多錢購買器具和書籍，其私人圖書館的藏書比哈佛大學還多，而哈佛早在傑佛遜出生前一百多年便已創立。他是思想家、書蟲、打從心裡是個農

夫——把農田工作交給別人的紳士農人。

傑佛遜希望美國變成牧草和麥田之國,由獨立的「自耕農」掌控地方政治,並在公共事務上有最大的決定權。他拒斥歐洲人對政府應由傲慢的貴族統治階級掌管的觀念。

傑佛遜絕沒料到的是,工廠將吸引數百萬農場工人離開農場,遷入都市和工廠小鎮,並且重工業儘管帶來許多問題,卻提供美國人過著人類有史以來最高水準的生活。如果沒有龐大的資金投入道路、運河、公路、橋樑、工廠的建設,這一切都不會發生——而這些錢來自何處?傑佛遜最怕的銀行!

儘管有傑佛遜的反對,第一家美國銀行(Bank of the United States)在1791年獲得國會批准設立,並設法存活了二十年。直到1811年,一群國會的銀行反對者拒絕延長銀行營業的特許,迫使這家銀行關門。

第二家美國銀行在1816年獲准營運,這一次設在費城。但數年後傑克遜(Andrew Jackson)當選總統後又碰上問題。傑克遜出身自田納西州荒野之地,個性粗獷,人們戲稱他為「老山胡桃木」(Old Hickory),因為他高大如一棵樹(六呎一吋,在當年算是相當高大),皮膚粗硬有如樹皮,從小住在木屋長大。儘管有愛好戶外生活的名聲,傑克遜卻經常生病,必須留在戶內。和他的前輩傑佛遜一樣,傑克遜認為各州應擁有較多權力,而聯邦應該少些。

第二家美國銀行被指控是1819年全國性金融恐慌的肇因,當時許多企業破產,人們損失畢生積蓄和丟掉工作。(這是後續一連串恐慌

的第一個，美國各地都受創深重。）西部的農民加入東部的工廠工人，反對這家「怪獸銀行」，宣稱這是引發恐慌的罪魁禍首。

因此當傑克遜在恐慌十年後當選總統時，他聽從這些人的話，把聯邦資助銀行的錢抽走，分別存進各州的銀行，第二家美國銀行因而被迫關門。從那時起，各州便控制銀行業務，並核發執照。不久後，良莠不齊的商人就紛紛開起銀行來了。

數千家銀行從大城和小鎮的大街小巷冒出，就像今日的速食店到處開張的盛況。而由於這些州級銀行都可以發行自己的紙鈔，商務的秩序變得極其混亂，因為跨州交易很難決定各州錢幣的價值，許多商家完全不接受別州發行的紙鈔。在國內旅行猶如今日到海外旅行，你必須操心在各地兌換錢幣的問題。

美國在這方面的發展和歐洲大不相同。歐洲向來有幾家銀行，各有許多分行，而美國則有極多不同的銀行。至1820年，美國有300家不同的銀行，相較於英國只有寥寥數家。今日若把各種儲貸機構和信用合作社算進去，美國有超過1萬家銀行，而英國則不到15家。

許多美國的地方銀行資金微薄，在遭遇經濟危機時缺少度過難關所需的資本，而危機總是隨時可能發生。1810年到1820年間開張的銀行，有半數在1825年已經倒閉；1830年到1840年間開始營運的銀行，也有半數到1845年已經關閉。當你把錢存入銀行後，你的存款不像今日有保險，因此當銀行倒閉時，人們的儲蓄帳戶或支票帳戶便失去保護，所有錢隨之泡湯。換言之，存款毫無保障。

銀行是存錢的危險地方，這並未阻止美國人把畢生積蓄存進銀行。

銀行則拿這些錢放款給橋樑和運河的興建者、給收費公路計畫和鐵
路計畫，因而促進美國的繁榮。當銀行把錢借給鐵路、橋樑公司或
鋼鐵公司時，這些錢都來自銀行儲蓄帳戶的存款人。

換句話說，所有這些帶來經濟進步的企業活動和計畫，都由街上男
男女女口袋裡的錢所資助。

當政府要推動一項計畫時，它有四個獲得財源的選擇：徵稅、向
銀行貸款、出售彩券，或發行債券。（後面章節將進一步討論債
券。）當公司需要錢時，它可以向銀行借錢、銷售債券，或發行股
票。但在19世紀上半葉，股票是公司的最後選項，銷售股票給大眾
的觀念發展十分緩慢。

現代經濟學之父

市場在各地成立，人們積極從事買賣，對許多人來說，整個情況似
乎已經失控。歷史上從沒有過如此眾多的個人被允許自由活動，並
為自己的利益工作。這一切看起來毫無秩序和理則。

這就是經濟學家出頭的時候，他們是新品種的思想家。過去數千年
來，宗教哲學家嘗試參透人類如何依照上帝的旨意過生活。他們辯
論政治、最好的政府形式，和領導人應該是什麼樣子。但個人擁有
為自己追求財富的自由時會發生什麼事，則要由經濟學家來說明。

最早和最聰明的經濟學家之一，是名為亞當・史密斯（Adam
Smith）的蘇格蘭人，在他生活的美國革命時代被人看作一個書呆
子。史密斯逃避宴會和野餐，寧可留在家思考和寫作。他如此專心

於自己的想法，以致於以健忘聞名於同儕。他的偉大著作名為《國家財富的性質與原因研究》（*An Inquiry into the Nature and Causes of the Wealth of Nations*），今日被簡稱為《國富論》（*The Wealth of Nations*）。

《國富論》出版於1776年，剛好是美國宣布獨立那年，可惜史密斯並未因這本著作而受肯定。他應該和洛克（John Locke）、富蘭克林（Benjamin Franklin）、潘恩（Thomas Paine）和其他主張政治自由是社會公平、和平與和諧關鍵的革命性思想家，享有同樣崇高的歷史地位。其他人並沒有告訴我們如何支付帳單——但史密斯提供了解答。他告訴我們什麼是經濟自由。

史密斯說，當每個人從事各自選擇的行業時，整體社會的生活會更好，勝過國王或中央規劃者掌控大權、支配誰該做什麼事。他的論點在今日看來幾乎沒有人會反對，但在1776年是一個新奇的概念：數百萬人製造並銷售任何他們自己選擇的東西、各朝自己的方向同時前進，如此就能創造出一個井然有序的社會，在其中人人都有衣服可穿、食物可吃、房屋可住。如果100個人中有99人決定製造帽子，只有一個人決定種蔬菜呢？國家將被帽子淹沒，而大家都沒有蔬菜可吃。但這就是看不見的手來解救大家的時候。

當然，不是真的有一隻看不見的手，而是史密斯想像在幕後運作的一股力量，會確保剛好有正確數量的人種植蔬菜、有正確數量的人製造帽子。他真正的意思是，供給和需求會保持產品和服務的平衡。例如，要是有太多帽子製造商生產太多帽子，帽子就會在市場堆積如山，迫使帽子銷售商降低價格。降低帽子價格會讓部分帽子製造商退出帽子事業，轉進較有利可圖的行業，例如種植蔬菜。到

最後會出現剛好足夠的蔬菜農戶，和剛好足夠的帽子製造商，生產剛好數量的蔬菜和帽子。

真實世界的運作並沒有這麼完美，但史密斯當時就已了解自由市場運作的基本原則，且這些原則直到今日還在運行。每當有一種新產品的需求，例如電腦，就有愈來愈多公司跨入這個行業，直到生產出太多電腦，商店不得不降價求售。這種競爭對你、我和所有消費者都很好，因為這迫使電腦製造商改進它們的產品和降低售價。這是它們每隔幾個月就推出更新奇的新機型、售價又比笨重的舊機型便宜的原因。如果沒有競爭，它們可以繼續銷售笨重的舊機型，消費者拿他們毫無辦法。

看不見的手讓從泡泡糖到保齡球等所有東西的供給和需求保持平衡。我們不需要國王、國會或生產部長來決定要生產什麼東西、每一項產品數量多少，以及誰應獲准開工廠。市場會自動做出所有決定。

史密斯也發現，想獲取最大利益是一種好的衝動，而非數百年來宗教領袖和輿論製造者嘗試消滅的壞事。他指出，自利並非完全只對自己有好處，它能激勵人們實事求是地把任何事做到最好。它促使人們發明東西、勤奮工作，把額外的努力投入手上的計畫。想像如果人們不准從自己的才能賺錢、成功不能獲得獎賞，那麼我們的社會將充滿無能的木匠、水管工人、醫生、律師、會計師、銀行家、祕書、教授、中外野手和四分衛。

史密斯說，「累計定律」（law of accumulation）會把自利轉變成所有人的生活都獲得改善。當一家企業的業主變富有，他或她就會

擴張事業，僱用更多人，進而使每個人變得更富有，其中有些人會自行創業，如此循環不已。這表示資本主義會創造機會，不像封建農業體制只有少數人擁有土地，並由家族繼承，如果你生來就是農民，你將一輩子過著身無恆產的生活，你的兒孫也將永遠困在同樣的窮苦生活中。

在史密斯寫這本書的時代，和緊接著的一世紀間，偉大的思想家嘗試找尋一切事物的定律。科學家已經發現許多物理定律，如重力定律、天體運行定律，以及一些化學反應的定律。人們相信宇宙的運作呈現某種秩序，而如果行星如何移動和蘋果如何掉落樹下都有定律，那麼一定也有企業的定律、政治的定律，以及人們在不同情況下如何行為的定律。舉例來說，一旦想出錢如何流通的公式，你就可以正確地預測最後誰能得到多少錢。

宣稱有一種供給與需求的定律、或錢如何流通的定律是一回事，但找出如何精確計算它的公式則是完全不同的事。經濟學家不斷嘗試、想出各種新理論，從紛亂的市場去蕪存菁，以便找出單一的方程式。

第一個百萬富翁

根據記錄，殖民時代的北美洲沒有百萬富翁。麻州薩冷（Salem）的德比（Elias Hasket Derby）是一位拒絕介入奴隸貿易的遠洋商賈，他是當時最富有的人。今日他的房子屬於國家公園局，且開放給大眾參觀。那裡距離霍桑著名的小說場景七角樓（House of Seven Gables）只有數百碼。大家都知道霍桑是誰、卻很少人聽過德比，由此可見人們重視文學和金融的相對程度。

往南數百哩有位巴爾的摩商人奧利佛（Robert Oliver），也累積了相當龐大的財富；不過，在革命以後，美國最富有的人據說是莫里斯（Robert Morris）。

莫里斯建立一個買賣船隻的企業聯合集團，他的船往返於西印度群島和歐洲，運送菸草和食物到歐洲，然後帶回衣服和製造業產品到美洲。他是一個秘密委員會的主席，供應大衣、長褲、襯衫和火藥給革命軍，他旗下的公司獲得供應軍隊的合約。莫里斯變成邦聯條例（Articles of Confederation）下的財政總管，熱烈擁護漢密爾頓和他創立的第一家美國銀行。

莫里斯相信國家應該交給上等人來管理。他認為像他自己這種紳士最優秀，且深信不疑。他完全反對傑佛遜主張的獨立小農戶是美國的骨幹、應該擁有投票權。

莫里斯和後世許多追隨他的傑出個人利益追求者一樣，藉由從銀行借來的錢建立他的帝國。他有許多居高位的朋友，而且因為他最大的顧客是軍隊，我們可說他是最早的大型國防承包商。

莫里斯也像川普（Donald Trump）這類現代個人利益追求者一樣，過度擴張自己，所借的錢超過其償付能力。當時船運業出現不景氣，導致他的金融帝國崩潰，莫里斯也宣告破產。

在那個年代，宣告破產是很嚴重的事，因為欠錢不還是犯罪行為。莫里斯在費城的監獄關了三年，來探望他的人包括華盛頓。莫里斯在他的監牢發起廢除這種懲罰的運動，而拜他的努力所賜，現在還

不起債的人已經不用進監牢了。如果現在還把欠債的人關在牢裡，那監獄應該會人滿為患，因為每年申請個人破產的美國人就有80萬人，大部分是刷爆信用卡所致。

到了1815年，美國已有半打百萬富翁，主要靠船運和貿易致富。排名第一的是費城的吉拉德（Stephen Girard），他在1831年以82歲高齡去世，是當時美國第一富豪。

吉拉德出生在法國，父親是船長。他少年時就出海，後來變成國際貿易商。他來到美國，投資土地、銀行股票和政府債券，而且這些投資都賺了大錢。吉拉德最後創立自己的銀行並加入聯合事業，與一位年輕的企業家阿斯特（John Jacob Astor）共同做生意。有關阿斯特我們稍後還會談到。

吉拉德死時留下價值600萬美元的財產，在當時是一大筆財富，雖然這個金額在今日還不夠支付一位頂尖棒球明星一年的薪水。他把大部分錢捐給一所供男孤兒就讀的大學。吉拉德是堅定的無神論者，他厭惡宗教到在他的遺囑中註明，任何教派的牧師都不得踏足那所大學的土地。

吉拉德的身價被阿斯特超越。阿斯特是德國移民，靠皮毛貿易起家，然後買下一艘船的部分股權，這艘船則往返中國從事貿易——中國是當時船運和貿易還能賺大錢的地方。阿斯特從一艘船擴張到二艘、三艘、四艘，最後他擁有一整隊被稱作剪刀船（clipper）的快艇。對美國人來說，建立這種船隊是很大的成就，因為那必須靠借貸才能完成；而美國的銀行比起英國等國家的銀行，可供借貸的資金十分有限。

在歷史上的這段期間，錢都以貴金屬擔保，因此銀行可印製的鈔票數量，取決於它庫藏的黃金和白銀有多少。在倫敦，黃金的供應很充裕，所以銀行印製大量鈔票供企業大亨借貸。但美國的黃金和白銀供應量很少，因此銀行往往現金短缺，所以阿斯特和他的企業家同輩很難借到足夠的錢來進行他們的雄圖大略。

當發現無法打敗競爭者時，阿斯特決定捨棄國際貿易，轉而專注於美國市場，且經營得有聲有色。到了1848年他以84歲高齡過世時，留下的財產價值超過2,000萬美元，大約是他的老朋友吉拉德留下財產的三倍。

阿斯特的葬禮舉行後，所有的報導都在談論他留下的龐大財富，他的家族繼承了1,900多萬美元、只有50萬美元捐給慈善機構，引發群情激憤，一場全國性的辯論熱烈展開：如果你死後不能帶進棺材，誰應該獲得遺產？大眾認為阿斯特應該多留一點錢給整個社會、少留一點給家人，因為資本家應該為社會謀福利。

這類辯論的熱度至今仍未稍減，所有人似乎都同意努力工作和力爭上游是好事，但對於賺得的錢該怎麼處理看法分歧。在今日，阿斯特不可能把95%的財富留給子女，因為他死後馬上會被課徵55%的遺產稅。現代的富人有另一類選擇：他們可以把錢留給私人慈善機構和基金會，包括大學、醫院、遊民收容所、愛滋病研究機構和食物銀行（food bank），如果他們不這麼做，政府將拿走大部分的遺產。

股票發展的遲滯

1800年時，美國有295家公司，絕大部分都由私人擁有，一般大眾無緣參與。公司的組織型態引發許多爭議，支持者認為是民主政治的一大助力，可以造福廣大的社會；批評者則認為公司是反民主、行事詭祕和具顛覆性的組織，只關心自身利益。

對股票投資人來說，那是一段充滿挫折的時期。各州已通過法律限制公司被控告時股東應負的責任，因此人們可以放心投資而不致使損失超越股票的價值。但真正投資的人還是不多。想在親朋好友間找到志同道合、可以談論最愛哪一家上市公司的人很難，不像今日相對容易很多。

當時的報紙沒有商業版，沒有《錢》（*Money*）雜誌，或討論如何選股的書。事實上，也沒有多少股票可供挑選：一打左右的銀行，兩、三家保險公司，兩、三家石油公司，如此而已。在1815年3月當時很受歡迎的報紙《紐約商業報》（*New York Commercial Advertiser*）所印出的所有上市公司名單，只有24檔股票，大多數是銀行。到1818年增加到29檔，1830年達到31檔。

最早的股票買賣地點是在華爾街的一棵大梧桐樹下，後來股票交易移到租來的小房間或在小咖啡館裡進行。有一次，交易的小房間失火，交易商立即轉移陣地到一座乾草棚繼續交易。

當年的紐約證券交易所不是你想像中充滿刺激的地方，你可能站在那裡打哈欠等候一檔股票交易。交易進行如此緩慢，以致交易商從上午11時30分才開始買賣，到下午1時30分就收盤結束一天的

生意。股市生意清淡到在1830年3月16日創下歷來交易量最少的紀錄，只有31股成交。這與1995年平均每天有3.38億股的交易量有天壤之別。

股票交易到1835年已變得熱絡些，紐約證券交易所已有121家公司掛牌交易。美國各地紛紛興建運河、收費公路和橋樑，這種狂熱的進步需要資金，而資金主要來自銷售股票和債券。銀行股已不像二十年前那麼炙手可熱，當時新的熱門股是鐵路股票與債券。有一度人們搶購任何名稱上有「鐵路」的股票，不管價格有多高。他們也以不斷攀升的價格爭買任何靠近鐵路的土地。如果人們沒有現金買土地，他們可以向銀行貸款。當時的銀行在這些房地產交易中借出鉅額資金，許多農戶不再種植田裡的作物，搖身變成房地產大亨。

這是一個美國自家製造的泡沫，類似倫敦的南海泡沫，到1836年終於爆破。投資人爭相拋售資產，導致股價和土地價格怎麼漲上來、就怎麼跌下去。那些借錢買股票和土地的準大亨無法償付積欠銀行的債務，銀行資金告罄，紛紛倒閉關門，把錢放在儲蓄帳戶的人血本無歸。不久後，現金的供給短缺到沒有人買得起東西。金融體系瀕臨崩潰邊緣。這就是1837年的恐慌（Panic）。

美國經濟（以及大多數國家的經濟）不斷在樂觀和恐慌間來回擺盪。在樂觀期時，價格上揚，到處都有就業機會，投機客會花掉剛賺得的薪資、抵押他們的珠寶，甚至借錢和做任何事來買股票、債券或土地，唯恐錯過大好的行情。然後在恐慌時，崩潰和蕭條接踵而至，投機客得到因果報應，人們終於恢復清醒。

股市在1853年崩盤，在1857年又再度崩盤，當紅的股票伊利鐵路（Erie Railroad）從每股65美元跌到11美元。當時仍只有極小比率的人口擁有股票——以股票震盪如此激烈來看，也許這是不幸中的大幸。損失最慘重的仍然是歐洲人，他們未能從過去的經驗學到教訓，依舊投資大筆錢在美國。到1850年代，有近半數的美國股票由外國人持有，主要是英國人。

美國人的發明才能

美國人曾被較優雅的歐洲人視為粗俗的暴民，教育水準低落，粗魯而愚蠢。因此當所有偉大的發明開始從美國人的腦袋蹦出來時，歐洲人當然大感驚訝。美國人的天才是人力短缺的結果，在一個幅員遼闊、人口稀少的國家，必須發明機器來取代部分人工。雖然有聰明的發明家構思新機器，但機器並不會自動製造出來，是資本主義讓人們願意把錢投資在製造機器，並促成了美國發明的黃金時代。

當時有富爾頓（Robert Fulton）的汽船、卡巴特（George Cabot）的磨坊、羅威爾（Francis Cabot Lowell）的全面工業化工廠、麥考密克（McCormick）的巨型收割機，為農民省下勞累的工作。康乃狄克州的修補匠韋特尼（Eli Whitney）在南方的農場當教師時，發明了能自動去除棉籽的軋棉機，一夕間把南方變成棉花生產的聖地。麥考密克的收割機、柯爾特（Samuel Colt）的自動手槍，以及一種新式的掛鎖，是1851年倫敦水晶宮一場著名的工業機械展中，讓參觀者讚嘆不已的三項美國發明。歐洲人除了對美國產品大感驚訝之外，對美國的製造系統能將品質標準化，讓工廠生產出的所有產品具有完全相同的規格，更是讚不絕口。

同樣的，要把這些發明從設計圖變成產品需要資金。這些資金一部分來自向銀行借貸，但大部分從股票市場籌措。因為持有股票在美國日漸普及，在國外更是司空見慣。當年外國人透過投資美國這個新興市場來推動美國快速進步，一百五十年後，美國也反過來在亞洲、非洲和拉丁美洲的新興市場投入鉅額資金。

在農場上，機器改善了農民的生活；直到1850年代之前，農民使用的生產方法仍然和數千年前的埃及人一樣原始。農民用牲畜拉的犁耕田，許多粗重的勞動則由奴隸來做，他們是這種制度的受害者，和古代美索不達米亞的奴隸沒有兩樣。

奴隸制形成的原因中，原始的農業是一大罪魁。直到旁觀者覺醒並發出怒吼來阻止這種惡行後，奴隸制才終於被廢除，不過資本主義在這個過程中也功不可沒。資本主義促使投資人投入資金興建工廠，製造農場設備（打穀機、收割機、圓盤耙、鋼犁、穀塔等），永遠改變了農業。有了新機器代替過去由奴隸和農奴做的辛苦勞役後，強迫人們過奴役生活已不符經濟利益。

一百年前數家製造農場設備的公司至今仍然健在——迪爾（Deere）、國際收割機（International Harvester，現稱納威司達〔Navistar〕），和開拓重工（Caterpillar）。在他們發明和銷售能耕耘、種植和收割的機器時，其他公司也忙著發明除草劑和肥料，用來殺蟲、除草和為土壤施肥。新設備結合新化學品，把美國農業區變成全世界最有效率的穀倉，每英畝生產的小麥、玉米等穀物遠超過農業史上任何國家的農場。

美國確實有肥沃的土地，有數億英畝富饒的土壤綿延於開闊的平

原，不像歐洲和亞洲被農民無情地利用數世紀之久，以致土壤的養分已經耗竭。但不可否認的是，創新和發明使美國的土地更加物產豐饒，也讓美國農民變成舉世欽羨的對象。在100萬名愛爾蘭人死於馬鈴薯欠收造成的飢饉、中國人因稻米短缺而挨餓，以及世界上有眾多人口每天餓肚子的同時，美國生產的糧食始終遠超過其國民消耗的數量。

不過，當時農耕機械雖改變農民栽種作物的方法，卻未改變美國人平淡而單調的飲食。大多數家庭仍生產自己的食物，基本的菜單是麵包、馬鈴薯、根類蔬菜和乾果，偶爾配上一些鹹肉或煙燻肉。人們會在早餐吃羊腰子。廚房裡沒有冰箱，因此水果和蔬菜只能在生產的「當令」季節趁新鮮吃。

在冬季，你吃黃瓜沙拉、酸黃瓜沙拉，或完全沒沙拉可吃。如果不住在靠近水邊的地方，就沒有鮮魚可吃。鮭魚是奢侈品，橘子是你一年只在耶誕襪裡看到一次的東西──如果你有耶誕襪的話。許多人不敢吃從墨西哥進口的番茄，因為蕃茄被大多數人認為有毒。葡萄柚通常只在佛羅里達看得到。

沒有冷凍卡車或鐵路車廂可以把某地生產的蔬菜運送到另一地，罐頭工業則尚未發展保存蔬菜的方法。人們在自家用玻璃罐保存生產剩餘的食物。牛、羊和豬就是活的牛排、羊排和烤豬肉，被活生生從農場運到城市，以便顧客買回去自己宰殺和醃製保存。

近來我們聽到許多追念「昔日黃金時代」的懷舊想法，認為過去的生活較「單純」、較「自然」，但提倡懷舊的人如果親身體驗過真正的單純生活，可能會改變說法：單純的生活必須從日出到日落承

受流汗和背痛的辛勞。要供應一個家庭食物、衣服和舒適的住所必須整天工作，在沒有現代生活的便利和產品協助下，女性必須整日操持家務，正如男性得成天勞動。

大多數房屋是人力興建的，衣服、布簾、家具和肥皂的製造也一樣。一般人可能幾週都不會買一件由公司製造的產品，不管是不是上市公司。烹調食物得花上數小時，照料園圃也是，砍伐爐灶燒的木材又得花更多時間。爐灶的煤煙是主要污染來源，受污染的地方也包括人們度過大部分時間的住家和鄰近區域。說當時的人們能夠享受新鮮空氣，恐怕是誇大其詞。

當時沒電視可能是一件好事，因為大部分人不會有時間看電視。今日我們談論「家庭娛樂」，但在那個年代，娛樂真的來自家裡──打牌、解謎、彈奏音樂、說故事和講笑話。

如果這種娛樂這麼美好，為什麼後來有這麼多人偏愛聽廣播和看電視？

鐵路與商業

股市在19世紀繼續獲得愈來愈多人喜愛，這有一部分要歸功於愛迪生第一項在商業上獲得成功的發明──紙帶收報機（tickertapes）。這是一架上面蓋著一個玻璃碗的印刷裝置，看起來像泡泡糖販賣機。每次有一檔股票被買進或賣出，交易記錄就透過電報發給世界各地的紙帶收報機。

收報機把交易記錄印在紙帶上，成捲的紙帶不斷吐出，上面顯示股

票代號、價格和交易的股數。監看紙帶收報機的人便可隨時看到最新的股價。

在愛迪生發明這架機器前，除非是站在交易所的交易大廳，否則沒有方法可以知道股票的價格變動。裝置紙帶收報機後，投資人就可以跟著華爾街的消息靈通人士一起追蹤最愛的股票。

美國經濟從1790年代到內戰期間成長了八倍，這表示人們生產和銷售的財貨是殖民時代居民的八倍。美國正逐漸邁向全世界最強大的工業國。隨著內戰結束，奴隸制度遭廢除（雖然種族歧視顯然未根除），美國人向西擴展，城市的天際線變得更廣闊，美國各地也一片欣欣向榮。

到1855年，紡紗工廠沿著新英格蘭的河流周邊不斷冒出，在波士頓證券交易所上市的棉紡織公司至少有46家。當士兵從內戰解甲歸田，他們已習慣於穿制服，現在他們上街買另一種制服——已經縫製好的成衣。肥皂和蠟燭、皮革製品和楓糖，所有傳統上自製的產品現在都能在商店裡買到。州與州間的貿易障礙已被打破，以便大量製造的產品可以跨過州界。

兩家鐵路公司——聯合太平洋（Union Pacific）和中央太平洋（Central Pacific）——被選中可以拓展鐵路線到太平洋。愛爾蘭人、德國人或中國人間偶爾爆發打鬥，但他們共同把力氣貢獻在鋪設鐵軌和敲打鐵釘上。

國會總共授予1.7億英畝土地，給美國各區域的多家鐵路公司——這是美國歷史上最大手筆的財產贈與，也是最引起爭議的事件之一。

鐵路公司把部分土地賣給農民，並利用部分土地當作他們龐大貸款的擔保，而貸款則用於支付工人和買鐵軌、鐵路車廂和其他昂貴的設備。

數家今日的鐵路公司，仍然擁有當年政府授予的廣闊而珍貴的土地。對它們來說，那就像天上掉下來的寶貴資產。

鐵路載運貨物和乘客，而興旺的生意則把大批新買家帶進股市。在第二次鐵路榮景中，投資人總共投資3.18億美元在鐵路股上，資助鐵路公司鋪設1.3萬哩鐵軌。聯邦政府提供大部分土地，西部的最大贏家不是牛仔和神槍手，而是鐵路公司。沒有投資人的資金和政府的優惠，誰知道這些領土何時才能開發？

鐵路股成了美國從東岸到西岸的投資人都不可能忽視的目標，因為看到鐵路線綿延到全國每個角落、冒煙的火車頭一路奔馳，人們相信鐵路是萬無一失的投資機會。

很多農民跟進炒作鐵路股、鐵路土地，以及1862年公地放領法案（Homestead Act）造就的土地公司。一些這類鐵路計畫和土地計畫結果證明是曇花一現的騙局，正如許多緊隨鐵路所到之處的金礦和銀礦開採計畫。

馬克・吐溫（Mark Twain）據說曾形容金礦是「騙徒擁有的地洞」，而且許多這類騙徒還發行股票。靠這類未經證實的金礦賣股票賺的錢，比帶著淘洗盤和鶴嘴鋤湧進加州的所有淘金客賺的錢還多。這些騙局的受害者沒有聯邦或各州的法律可以保護他們，而禁止公司發布虛假或誤導訊息的法律也還沒有制訂。

在大約只持續約二十五年的牛仔全盛時期，一連串的牛隻牧養股出現在股票交易所。到了1860年代末，美國人口有3,900萬人，牛則有3,800萬頭，約等於每個人有一頭牛。參與這波多頭市場的東部人，都對牛仔十分著迷。

到1869年，紐約證交所有145檔不同的股票。保險公司首度在華爾街掛牌，鋼鐵公司和鑄鐵工廠也紛紛上市，它們的規模日益壯大，吸引農民離開土地，激勵移民橫越大西洋來到美國的工廠城。

鐵路軌道已延伸到全國每個角落，大湖區間的運河交通往返也十分繁忙，駁船載運鐵和煤到鋼鐵工廠以便加工製造，工廠煙囪噴出的有毒濃煙污染了空氣，但一船船滿載的移民仍不斷湧進美國尋找工廠的工作。

他們從愛爾蘭、歐洲大陸，以及遙遠的中國湧進紐約港，逃避馬鈴薯飢饉、戰爭、祕密警察、不公平、迫害、不安全，以及各式各樣的動盪不安。他們從事低薪的工作，如成衣工、肉品包裝工、銲接工、鉚釘工和修理工，在不健康和經常充滿危險的環境下工作。他們寧願待在這些惡劣的工作和生活環境，因為不管這裡的環境有多糟，都比家鄉有人餓死或深陷戰火的環境好。如果這裡的環境沒有更好，為什麼有這麼多人摩肩擦踵遠道而來？

他們也知道，如果留在波蘭、希臘或其他地方的故鄉，就沒有進步的希望。因為每個國家都由一小群貴族占有農場、蓄積龐大財產，並且控制政府。在美國他們有希望，不只是希望，他們也敢於期待。這裡不就是機會的國度嗎？工人看到四周街區愈來愈繁榮，他

們期待能分享這種繁榮——如果他們享受不到，他們的子女將來一定也能享受到，而且確實如此。

移民工人的後代有機會進入大學，當醫生、律師、主管，甚至投資他們的父母和祖父母曾經超時工作、賺取低薪的公司。

大體來說，19世紀末的美國工人不會花大把錢在昂貴的假期或香檳宴會——至少大部分人不會這麼做。他們把錢存在銀行，而當時情況已經不像銀行由各州管理的時代那樣混亂。1860 年代中期貨幣種類繁多造成購物困擾的情況已經消失，因為新的聯邦銀行體系已經建立。從這時起，美國開始有單一的國家貨幣——美元。

美國人儲蓄鉅額的錢在銀行，從內戰到第一次世界大戰期間，總金額達到美國總工業生產的18％。由於現金被用來興建更好的工廠和更好的道路，以便從工廠運輸產品到各地，使得工人變得更有效率。他們做同樣時數的工作，可以生產更多產品。

貨幣的供給增加了四十多倍，但幾乎沒有任何通貨膨脹。在今日，當一個新興國家如俄羅斯印刷更多紙鈔時，我們會看到貨幣的價值立即大跌，物價一飛沖天。但在19世紀下半葉美國仍是新興國家時，物價卻保持穩定。雖然銀行瘋狂地印製鈔票，但當時未引發通貨膨脹的原因是美國的工業生產成長與貨幣供給並駕齊驅。

另一個美國繁榮的因素是，美國的邊界透過極高的關稅而對許多外國製產品關閉。現在我們聽到許多自由貿易和它有多好的言論，但在美國經濟飛快成長、美國的工廠全速生產的那段時期，外國競爭者很難進入美國市場，使美國的工業受到相當的保護，免於海外競

爭的威脅。

美國人繼續想出各種新發明的點子：電報、電話、汽車、硫化橡膠輪胎。也有人發明更好的捕鼠機、更好的某種產品，或取代人工的某種機器。在1880年代，國會通過一項關閉美國專利局的法案，因為國會認為所有重要的發明都已經發明出來了。那證明是錯得離譜！

當時有捲香菸的機器，由一家叫朋沙克（Bonsack）的公司製造，最早被一名叫杜克（James Duke）——杜克大學（Duke University）的杜克——的加州菸草農採用。還有製造火柴的機器、一種製造麵粉的機器（皮爾茲貝利〔Pillsbury〕買了一部）、一種濃縮牛奶的機器（伯登牛奶公司〔Borden〕擁有專用權）、一種製造鋼鐵的新方法（柏西默〔Bessemer〕製程）、和製造湯罐頭的機器（最早被康寶〔Campbell's〕採用）。還有一種機器用來製造漂浮象牙肥皂（Ivory），而這種肥皂原本是寶鹼（Procter & Gamble）的實驗室誤打誤撞製造出來的。

一旦新機器發明出來，就有人必須發明更多機器來製造新機器，加上零件和修理它們的工具。機器非但沒有像許多批評者預測的搶走人們的工作，反而創造出新工作。因為機器而失去的每一個工作，都會產生出二個新工作。而機器愈進步和愈精良，工作就更容易。工廠製造的產品比手工產品更便宜，在很多時候品質比手工產品更好，或至少品質更穩定。顧客因為產品便宜買得更多，因此產業機器化能提高顧客的購買力。

全國品牌的成長

在進入20世紀時，美國有很繁榮的零食產業，生產各種果凍、果醬、餅乾、糖果和口香糖，並由在證交所上市的公司銷售到全國各地。你可以吃這些東西，同時投資生產這些東西的公司。

我們從零食只有硬麵包、奶油餅乾、方形蘇打餅乾和圓甜餅乾可供選擇的單調年代，到今日已有長足的進步。過去這些小點心都由街坊的麵包店製造，並由地方的雜貨店裝在餅乾桶裡販賣。

當時美國最有名的餅乾是優尼達（Uneeda），這個品牌響亮的程度有如今日的可口可樂，是由全國餅乾公司（National Biscuit Company）製造，也稱作奈畢斯寇公司（Nabisco）。奈畢斯寇是數十年合併的結果，由許多家家族麵包店整併成兩大區域性烘焙事業——中西部的美國餅乾公司，和東部的紐約餅乾公司（New York Biscuit Company）——再由這兩家超大烘培業者結合成奈畢斯寇公司，並在約跨入20世紀時公開上市，發售價值約3,000萬美元的股票。初始的股東有1,300人，包括一些名人，但任何人都可以從市場買進股票。

在葛林（Adolphus Green）英明的領導下，奈畢斯寇終結了以餅乾桶賣餅乾的美國傳統，並在零食中添加更多樂趣。奈畢斯寇開始包裝餅乾，使餅乾保持脆度和乾燥，並且在餅乾桶裡不會被髒手污染。奈畢斯寇繼續生產優尼達餅乾的同時，也開發一連串新產品——紐頓無花果（以麻州的紐頓〔Newton〕為名）、精選鹹餅乾（Premium Saltines）、巴倫動物餅乾（Barnum's Animal Crackers，1902 年）、杜尼斯奧利奧餅乾（Lorna Doones and Oreo cookies，

1912年），以及麗滋餅乾（Ritz Crackers，1934年）。

奧利奧後來變成全世界最暢銷的餅乾，至今仍是如此。奧利奧已經存在這麼久，我們忘記它是在奈畢斯寇的工廠製造的。奈畢斯寇也收購第一種狗食餅乾「牛奶骨頭」（Milk Bone）的製造權。

當時還有紳士牌（Planter）花生，發明者是推車攤販奧比西（Amadeo Obici），他在19世紀末、20世紀初靠著在賓州韋基斯貝爾（Wilkes-Barre）街上叫賣起家。奧比西有天決定在他的花生上撒點鹽，這種鹹花生在1906年大受歡迎，讓他得以和一位合夥人創設紳士堅果與巧克力公司（Planter's Nut & Chocolate Company），也就是日後RJR奈畢斯寇公司旗下的紳士公司（Planter's Life Savers Company）。

還有亨氏（Heinz）番茄醬，由賓州的酸黃瓜製造商亨氏（Henry J. Heinz）調製。曾在1873年恐慌中傾家蕩產並宣告破產的亨氏，東山再起後變成世界第一的酸黃瓜大王、調味醬大王，和番茄醬的推廣者。他的配方源自一種東方的滷汁（ketsiap），主要成分是醃魚。亨氏捨棄魚而添加蕃茄。

在殖民時期和19世紀初期，美國人認為番茄有毒。甚至在勇敢的軍官強森上校（Ccolonel Johnson）於紐澤西州薩冷（Salem）郡法院前的台階當眾吃下一顆番茄、證明它無毒後，許多人還是不敢輕易嘗試。但等到亨氏把蕃茄裝進瓶子裡，人們很快就養成把番茄醬擠到各種食物上的習慣，而且到今天仍然如此。尼克森（Nixon）總統喜歡把番茄醬灑在他的炒蛋上。

蕃茄醬、芥末醬、橄欖、酸黃瓜、調味料、今日人們加進漢堡裡的一切東西，都是亨氏最早開始大量生產的。當時亨氏在六個州有工廠、流通中心，在世界各地都有業務代表，有2,800名全職員工，加上2萬個農戶與他簽約種植他加進醬料產品的作物。

在亨氏忙著生產番茄醬和其他56種醬料時，葛拉漢（Sylvester Graham）正在發明他聞名的餅乾。葛拉漢是一位牧師，極力提倡禁欲聯盟（Temperance Union），反對烈酒、吃肉、芥末，甚至反對吃亨氏的番茄醬（說會導致瘋狂），贊成洗冷水澡、睡硬床、吃水果生菜，全麥麵粉，這些是他發明的新零食的原料。根據他的看法，葛拉漢餅乾（Graham Cracker）不是普通餅乾，它是治療淫欲的療方，能夠馴服青少年因嗜吃肉類和脂肪而刺激的賀爾蒙。根據他的理論，吃葛拉漢餅乾的青少年顯得較平靜，行為表現較好，較容易專注在學業功課上。

當葛拉漢發動他的餅乾十字軍時，凱洛格博士（Dr. John Kellogg）也正以玉米片對抗青少年的淫欲（他稱之為「危險的欲望」）。凱洛格是一位素食者，也是流行健康倡導者，在密西根戰役溪（Battel Creek）經營一家著名的療養院。有天他正在實驗一種麵包食譜，想製造一種比一般人吃的硬麵包更容易咀嚼的新土司，結果他離開爐子太久，實驗的麵包變成碎片。不久後，凱洛格相信定期吃這種碎片，即使是最熱烈的戀情的火焰也可以被澆熄，讓美國的年輕人免於惹禍上身。

沒有很多人同意凱洛格或葛拉漢的看法，但這並未阻止整個美國愛上葛拉漢的餅乾和凱洛格的麥片。

凱洛格結識口若懸河的促銷者波斯特（C. W. Post），他是凱洛格療養院的病人，到療養院治療他的神經衰弱，並且首次吃到凱洛格的麥片。波斯特喜歡這種麥片，但他討厭凱洛格在早餐時供應的焦糖咖啡。為了有更好喝的飲料，波斯特發明一種用穀物釀造的飲料，嚐起來味道就像咖啡——至少波斯特這麼認為。波斯特成立一家公司，以便大規模銷售他的飲料，和他發明的數種穀物產品——葡萄堅果與波斯特飲料。

當時還有賀喜（Hershey）和他的糖果棒。賀喜的全名叫密爾頓·史納弗雷·賀喜（Milton Snaveley Hershey），原本是一家小糖果店的老闆，他去參觀1893年的芝加哥世界博覽會，看到展示一部德國巧克力製造機，並為自己訂了一部。賀喜用那部機器生產裹著巧克力的焦糖，接著開始生產第一根大規模生產的巧克力棒，然後是1907年推出的賀喜Kiss巧克力，和1925年摻花生的賀喜Goodbar。賀喜的股票於1927年開始在紐約證交所交易。

還有思麥克（Jerome Smucker）用俄亥俄州愛波席德（Johnny Appleseed）種植的蘋果，生產和銷售蘋果醬和蘋果汁。1897年，思麥克創立思麥克公司（J. M. Smucker Company），一世紀後這家公司變成美國最大的果醬公司。

此時美國登記的商標約有1,000個，許多標語和廣告詞變成美國人的詞彙，例如「絕對純正」（absolutely pure）這個詞來自皇家烘焙公司；「你只管按鈕，其他一切交給我們」（you press the button, we do the rest）來自柯達；「它漂浮」（it floats）來自象牙肥皂；「讓密爾瓦基出名的啤酒」（the beer that made Milwaukee famous）來自施麗茲（Schlitz）；「所有適合刊登的新聞」（all the news that's fit to print）來自《紐約時報》，還有「給白皮膚的人吃的粉紅藥丸」（pink pills for pale people）來自一個叫威廉斯博士的藥劑師賣的維他命丸廣告。

這些產品的發明帶來新類型商店的崛起。在19世紀下半葉，美國還沒有超級商場，直到兩個茶葉的愛好者吉爾曼（George Gilman）和哈福德（George Huntington Hartford），才有人想到大商場的概念。這兩人在紐約市今世貿中心附近開了一家茶葉鋪，這店的生意雖小，卻取了很響亮的名稱——大美國茶葉公司（Great American Tea Company）。後來他們改了公司名稱，讓它聽起來更大了——大西洋與太平洋茶葉公司（Great Atlantic and Pacific Tea Company）。

從一家茶葉店發展成在紐約有五家茶葉店，然後擴展到其他州，接著吉爾曼與哈福德開始把咖啡、奶油和牛奶放在貨架上。到1912年，他們已經擁有400家連鎖店，成為第一家大眾市場雜貨商；到了1920年代，他們在全美擁有1.5萬家店，年銷售額達10億美元。在美國各地很難找到沒聽過A&P雜貨商場的購物者。

拜愈來愈多連鎖商店和郵購目錄公司所賜，人們可以購買大量生產的產品，享有可靠的品質，且價格遠低於巡迴小販或地方獨立商人收取的價格。在小鎮或農場上，郵包寄達是一件大事，尤其是如果郵包來自蒙哥馬利華德公司（Montgomery Ward，取名自創辦人華德，是他於1872年在芝加哥設立的首家郵購公司），或者來自1887年發出第一期郵購目錄的西爾斯公司（Sears Roebuck and Company）。

西爾斯最早是賣手錶，但很快擴張到雜貨生意。故事始於阿拉斯加州諾姆鎮（Nome）的一名探礦者，寄給西爾斯一張預付訂單，要買100捲衛生紙，並且把錢附在信封裡。西爾斯寫信答覆他無法接受訂購目錄上沒有的東西。顧客回說：「如果我有目錄，就不需要衛生紙了。」

隨著愈來愈多商品需要長程運送，鐵路運送的貨物愈來愈多，郵件在人的生活中也扮演愈來愈重要的角色。郵遞對資本主義十分重要，因為它是把大量生產的產品送到大眾手中最有效率的方法。即使是在當時，郵局也有服務水準低落的惡名，且製造商也抱怨連連。快速運送對企業如此重要，使得葛林特地從經營奈畢斯寇的百忙中撥出時間，推動一個改革郵政的運動。

工業時代與強盜大亨

企業建立了工廠、經濟架構，以及現代美國的支柱。在19世紀中葉時，美國的生意不到四分之一是由企業進行的，但進入20世紀後，企業已經影響國內生活的每一部分。

大量生產是那個時代的口號：產品可以直接從工廠運送到火車車廂，然後配銷到外州，使過去由小商店構成、只賣少數幾種產品的的地方市場，擴大成區域市場。這種市場的擴張是社會的革命性變革，對人民生活的影響不亞於、甚至超越美國革命本身。在1820年以前，美國人穿的衣服有三分之二是家庭自製的；到19世紀結束時，大部分衣服都由工廠生產。

公司名稱和品牌名稱如鑽石（Diamond）、皮爾斯貝利

（Pillsbury）、康寶（Campbell）、亨氏（Heinz）、博登
（Borden）、桂格燕麥片（Quaker Oats）、利比（Libby）和寶鹼
（Procter & Gamble）都已家喻戶曉。家庭產品變成耳熟能詳的角
色，知名的程度有如著名的作家、畫家、演藝人員和政治人物。
到1880年代，象牙肥皂已是全國無人不知的產品。伊斯曼（George
Eastman）在1884年發明出大量生產照相軟片的方法，十年後又開
發出可照相的柯達軟片，用柯達相機拍照變成了全國的愛好。

機器時代和大量生產來得如此迅速，使人幾乎沒有時間準備它們的
到來。財產法必須重新修訂，新的商業規則建立，新企業組織也紛
紛創設。一小群人善用這種情勢，累積出遠超過同時代的人所能想
像的財富，甚至讓世界上最富有的貴族、蘇丹、王侯、征服者和帝
王也難以企及。他們就是所謂的強盜大亨（robber baron）──由歷
史學家約瑟夫森（Matthew Josephson）在1920年代末發明的詞。

強盜大亨不是傳統定義的強盜，也不是為非作歹之徒，雖然其中有
些人會扭曲法律，甚至讓法律改寫成符合他們的利益。他們是敢於
冒險的投機客，大部分從貧困環境成長、建立信念，並且白手起家
攀上美國企業的頂尖地位。他們把金錢的力量發揮到淋漓盡致。

他們當中最知名的有古爾德（Jay Gould），紐約州北部貧農之子，
他用盡一切方法要打造一個巨大的鐵路帝國；卡內基（Andrew
Carnegie）是蘇格蘭織工之子，他也擁有鐵路，並成為美國最有影
響力的鋼鐵大亨；范德比爾特（Cornelius Vanderbilt）是紐約碼頭
的流氓，他建立一個蒸汽船隊，先控制船運業，接著擴張到鐵路。
但儘管他既成功又有錢，多年來他一直住在一棟有著破舊地毯的小
屋子；德魯（Daniel Drew）原本是一名趕牛人，他擅長炒作股票，

賺取暴利；摩根（J. P. Morgan）的虔誠的教徒，他的銀行影響力如此大，一度被要求出資救援美國政府；庫克（Jay Cooke）是永遠樂觀的股票和債券交易商，他的投資公司勢力強大到在倒閉時幾乎連帶拖垮美國；「鑽石」費斯克（Jim Fisk）曾是街頭推車小販，也是馬戲團的愛好者，喜歡穿誇張的衣服，粗肥的手指戴滿戒指；沙吉（Russell Sage）是技巧高超的股市投機客和鐵路大亨；史丹佛（Leland Stanford）後來變成加州州長，並利用他的政治影響力在加州建鐵路而致富，後來用他的名字和資金創立史丹佛大學。

最後是洛克斐勒（John D. Rockefeller），賣藥江湖郎中之子，他本人則是虔誠的浸信會教徒，兩者的結合創造出一個精明而可怕的資本家，他聚集所有石油公司成為一個巨大的獨占事業，可任意提高價格，並迫使所有競爭對手屈服。稍後我們將再談到他。

除了一、兩個例外，強盜大亨的個人生活都很保守，往往是虔誠的宗教信徒，而且以他們擁有的財富來說相當節儉。他們大部分人興建或擁有鐵路，並隨時計劃接管彼此的鐵路線。他們知道如何控制股票市場，讓鐵路股價格忽漲忽跌，並利用起伏不定的走勢賺進龐大獲利。

「鑽石」費斯克被形容為最會賺錢的美國人並非浪得虛名。古爾德最擅長哄抬他的伊利鐵路（Erie Railroad）股票價格，所以買到這檔股票的人都花了遠超過真正價值的錢。伊利鐵路因為古爾德而被稱為「華爾街的紅字女」（Scarlet Woman）公司，信用評等低落，且在1873年到1942年未曾支付股利給股東。

當庫克因為鐵路投資失利而關閉銀行大門時，他觸發了1873年的恐

慌，造成數家證券經紀商跟著倒閉，幾乎讓華爾街的生意完全停擺。

美國的人口從1864年到1900年代初增加一倍，鐵路網卻增加七倍，所有美國人居住的地方幾乎都聽得到火車汽笛的聲音。22歲的北軍退伍士兵西屋（George Westinghouse）發明了氣動式煞車，和取代瓦斯燈與煤油燈的電燈；普爾曼（Pullman）後來則以他製造的鐵路車廂崛起。

雖然鐵路到處可見，人們卻在鐵路股票上虧錢。總是有危機或醜聞發生，把小投資人的錢通通賠光，而強盜大亨總是有辦法賺得暴利。在1877年，最成功的強盜大亨之一范德比爾特在紐約過世，把他驚人的財富1億美元全部留給兒子威廉·范德比爾特（William Vanderbilt）。

老范德比爾特死時被認為是美國第一富豪，他從船運起家，然後擴張到鐵路，尤其是經營紐約中央鐵路。雖然他被讚譽為商業巨人，但也被咒罵為不知感恩圖報的吝嗇鬼，從來不回饋那些流血流汗為他建造鐵路和創造財富的人。

大眾對他死時未留給社區一毛錢群情激憤。范德比爾特自認已經藉由建造鐵路做了夠多善事，而他的錢不干別人的事。他兒子威廉更是口無遮攔，曾經說：「去他的大眾。」

在美國這個新興市場，不是一切都按照規矩來，這和現代的許多新興市場一樣。每隔二十年經濟會崩潰一次，人們會恐慌並忙著提領銀行的存款，而他們大部分的錢都已經被放款出去。銀行不可能立

即讓所有人提領存款，倒閉事件因而發生。一旦銀行倒閉，社會的資金耗竭，各行各業也跟著倒閉，金融體系隨之崩潰。股市將崩盤，債券市場也一樣，因為發行債券的機構無法支付利息。

歐洲人是1873年恐慌的大輸家，正如他們在之前這類災難中的遭遇。由於美國發生的崩盤和恐慌如此頻繁，因而有騙子國度的惡名，被認為在商業交易中充滿不可信任的人，就像近來人們對部分中國和俄羅斯創業家的批評。他們現在就是美國當年的寫照。

在1893年的恐慌（較大的恐慌似乎間隔約二十年發生一次），有四分之一的鐵路公司破產。 1903年有一次較小的恐慌。不管有沒有恐慌，一些在這段期間創立的好公司到今日仍然是好公司，僱用成千上萬員工，並為股東賺大錢。1900年的世界地圖上有半數國家至今已不復存在，但賀喜、桂格麥片、箭牌、美國電話電報公司（AT&T）、杜邦、波士頓銀行、美國菸草（American Tobacco）、美國鋼鐵（U.S. Steel），和許多從標準石油（Standard Oil）分割出來的公司（埃克森、雪弗龍、美孚、阿莫科〔Amoco〕等）至今仍屹立不搖。

可怕的獨占事業

進入20世紀後，資本主義的發展顯然出了一些差錯，原本對所有人開放、只要有好點子的人都有成功機會的體制，逐漸變成由少數巨型企業獨霸和操縱的遊戲。這就是所謂的獨占。

你可以說，除了希特勒和共產主義外，獨占是美國人生活方式最大的威脅之一。如果你玩過「大富翁」遊戲，你就瞭解這個概念。目

標是買下所有的房地產，讓經過這些土地的人沒有別的選擇，只能乖乖支付高得嚇人的租金。能達到這個目標的玩家最後贏得所有的錢。

在現實世界，獨占的情況完全一樣，但不只發生在房地產。它發生在一個產業只有一家大公司控制一切、並任由它決定價格的時候。例如，在烘焙業的獨占中，只有一家公司製造並銷售糕點和餅乾，因此顧客必須支付這家公司所定的任何價格，否則只能不吃蛋糕和餅乾了。不管是麵包店、玩具製造商或航空公司，當獨占形成時，顧客就沒有選擇。他們不能選擇其他烘焙商、玩具製造商或航空公司，因為所有競爭者不是已加入獨占集團，就是被迫關門。

你已經讀到的維吉尼亞公司、聯合荷蘭東印度公司等貿易商，都是獨占事業，由歐洲的國王賜予經營特許，給他們在新世界廣大區域獨家經營生意的權利。這些公司在美國東部沿岸數千哩的地區，控制農業、漁業和與印地安人的貿易。沒有他們的允許，沒有人可以和他們競爭。

最早了解獨占對世界未來繁榮造成威脅的人是亞當・史密斯，即《國富論》的作者。史密斯知道競爭是資本主義的關鍵，只要任何人都能自由地製造更好和更便宜的產品，企業就不敢指望欺騙消費者而能逃過制裁。競爭讓公司戒慎恐懼，他們被迫改善產品並儘可能降低價格，否則顧客就會被對手搶走。

在19世紀中葉美國經濟快速成長時，各行各業都有許多公司，競爭因而十分激烈。這些公司的業主不見得喜歡這種情況，雖然照亞當・史密斯的說法，競爭對社會有利。事實上，他們認為競爭是一

種威脅，他們對藉由改善產品來抵擋競爭者已感到厭倦。他們尋找機會提高產品的價格——強迫顧客不得不接受的價格。

如果不加制止，任何行業的所有業主可能在某個地方的密室集會，決定為他們的產品定同樣的高價格。他們可以達成協議以避免彼此之間的競爭，他們可能形成策略聯盟。事實上，操縱價格的卡特爾（cartel）在1870年代和1880年代的美國就已建立，但後來通過的法律判定它們不合法。

在1880年代初，一個聰明的律師叫陶德（S. C. T. Dodd），想出公司可組成信託（trust）來規避對抗卡特爾的法律。信託是把一堆財產交給一位經理人的古老方法。陶德在洛克斐勒旗下石油公司的法務部門工作時，向洛克斐勒提出這個點子。何不把一群石油公司交付給一個信託事業？這樣業主就可以操縱價格、達成協議、避免彼此競爭——而且還完全合法。

洛克斐勒立即著手組織一家陶德式的信託，聚集了石油業40家最大的競爭者。洛克斐勒邀請他們參加，雖然這些業者也沒有別的選擇。要是有任何公司拒絕邀請，洛克斐勒揚言要用低到他們無法承受的價格來競爭，迫使他們關門。

洛克斐勒的做法一點也不友善，但很有效。他和40家同謀的業者（有些是被迫參加）組織了標準石油信託公司（Standard Oil Trust），在一夕之間變成世界上最大、最具影響力的石油製造集團，控制大部分的美國油井和90％的煉油廠。洛克斐勒和他最親近的顧問成了石油的獨裁者，可任意提高油價。顧客沒有選擇，只能支付洛克斐勒高價，否則就無法取得石油。

這些獨裁者也把他們新獲得的力量用在鐵路公司上，強迫他們降低運輸石油的價格。鐵路公司也沒有別的選擇，任何拒絕降低運費的公司都被洛克斐勒逼到結束營運。畢竟，如果拒絕載運洛克斐勒的石油，那就沒有任何石油可運了，因為90％以上的美國石油生產都由此信託的成員提煉。

標準石油將其獨占延伸到這個產業的每一面，從油井直到煉油廠。洛克斐勒掌控大局，而其他類型公司的業主聽到他成功的例子後，也開始組織信託。當時有糖業信託、威士忌信託、棉花油信託、鉛信託，和由杜克（James Duke）與菸草農戶組織的菸草信託，他們聯合起來變成美國菸草公司（American Tobacco Company）。

當時還有火腿信託（史威福特兄弟）、水果信託（聯合水果）和餅乾信託（奈畢斯寇）。沒有組織信託的公司也可用不同的方法彼此聯合，例如透過合併。數家公司可合併為集團，這種方法創造出國際收割機公司（International Havester）、杜邦（Du Pont）、安那孔達銅業（Anaconda Copper）、鑽石火柴（Diamond Match）和現稱ASARCO的美國鎔煉公司（American Smelting and Refining）。鐵路業者也搭上這班車，數家最大的鐵路公司展開合併和收購，數十條鐵路線被整併成一個大集團——范德比爾特線、賓州線、哈里曼線、古爾德線和洛克島系統。當鐵路陷於財務困境時（且這種事經常發生），銀行家摩根已準備好重整它們。

穿著背心西裝、戴著高頂禮帽的摩根，在華爾街是個人人敬畏的人物，他在1901年集合八家小鋼鐵公司，組成巨大的美國鋼鐵公司（U.S. Steel），是截至當時勢力最龐大的集團，也是美國第一家規

模超過10億美元的企業。

美國上市公司中，有三分之一在1895年到1904年間因合併成信託公司而消失。在大部分主要產業中，信託和集團都任意提高價格，他們把影響力伸進商務的所有領域。

美國大眾看著競爭者一個接一個在產業裡消失，信託事業的業主賺進鉅額財富，他們在沿著羅德島新港海邊蓋的夏季「小木屋」，大到有如軍營。於是大眾開始起而反對信託。

人們發現，大公司會箝制小公司，強迫它們加入信託，否則將被逐出行業。而如果這個趨勢繼續下去，一切產品的價格將哄抬到雲端，國民的荷包將被吸乾。在少數公司控制價格和薪資的情況下，自由市場資本主義將逐漸滅絕。

這是美國歷史最可怕的時期之一，但很少人討論它。當時的美國是一個125歲的國家，在經歷快速成長和繁榮後，正要進入一個新紀元，然而美國人卻逐漸喪失辛苦工作獲得的經濟自由，由少數幾家信託事業攫走。

醜聞到處發生。作家辛克萊（Upton Sinclair）曝露肉品加工廠出售遭污染的肉──這類新聞報導即所謂的「扒糞」。人們開始加入工會以爭取較高薪資，扭轉信託公司導致的薪資降低。信託控制了就業機會，個人卻無依無靠。他們不能辭職不幹，另外找別的工作──因為沒有別的工作可找。

工會、報紙、法院和一些勇氣可嘉的政治領袖，都參與了遏阻信託

組織、挽救美國淪入少數貪婪者手中。如果不是這些信託剋星的努力，美國人可能淪落到不比俄羅斯農民好過的境地。然後美國可能爆發一場類似俄羅斯革命的運動，還有隨之而來的類似悲劇。

幸運的是，法院和政府都努力對抗信託。1890年，國會通過謝爾曼反信託法（Sherman Antitrust Act，又稱反托辣斯法案），但數家觸犯法令的大信託公司又藉著變身為「控股公司」、並遷移到新澤西州而躲過制裁。新澤西州在之前已通過州級法律，讓潛在的信託事業更容易組成控股公司，藉以規避聯邦法律。巨大的美國鋼鐵公司當時就組成控股公司。

1904年，美國最高法院再重擊違法的最大鐵路信託之一。當時擔任總統的老羅斯福（Teddy Roosevelt）再度援引謝爾曼法案對44家大信託提出控告。熱愛野營、打獵和各種戶外活動的老羅斯福綽號「悍騎兵」（Rough Rider），以他於美西戰爭中在古巴聖約翰山（San Juan Hill）率領騎士衝鋒陷陣而得名。但遠比贏得聖約翰山戰役更重要的是贏得對抗信託的戰爭。他變成了美國的「信託剋星」。1914年，國會通過第二項反信託法案，即克萊頓法案（Clayton Act）。

從1911年的標準石油開始，許多美國最大的信託被拆解，主要產業的競爭因而恢復。此後政府持續監視規模太大、勢力太強的公司，唯恐形成產業的獨占。每當有這種情況發生，政府可提出反托辣斯控告，如果獲勝，法院就能強迫公司分拆成彼此獨立、規模較小的公司，以便確保產業的競爭。

有一度美國鋁業（Alcoa）控制了美國的鋁產業，直到最後被迫拆

解公司。同樣的事也發生在美國電話電報公司（AT&T），當時它是美國唯一的電話公司，直到葛林（Harold Green）法官在一次著名的判決中，強迫AT&T拆解成八個部分，其中母公司媽貝爾（Ma Bell）保有長途電話事業，七家小貝爾（Baby Bell）則獲得地方電話事業。在這次關鍵的判決後，數十家公司崛起與媽貝爾和小貝爾競爭，這也是電話費愈來愈便宜的主要原因。這對維繫長途的愛情大有幫助，因為這讓許多配偶保持溝通，不會像AT&T那樣不得不分手。

AT&T是絕佳的例子，說明為什麼獨占是錯的，而為什麼競爭符合所有人的利益。在AT&T拆解前，該公司僱用100萬名員工——每100個美國人就有一個為AT&T工作。今日，媽貝爾和七家小貝爾總共只僱用60萬名員工，但打電話的數量卻增加為三倍多。

競爭迫使電話公司削減成本和變得更有效率。他們還是得遵守一些規定，例如必須提供電話服務給區域裡的每個人——否則住在架設電話線成本昂貴的偏遠地區的人，將永遠沒有電話可用。但我們都該感謝競爭的是，只要較少的員工就能提供打更多電話的服務，我們的電話費也因而降低。

你可能知道，微軟（Microsoft）是世界最大的軟體公司，它最近宣布併購另一家大軟體公司直覺（Intuit）的計畫，*但政府反對這項計畫，認為微軟與直覺合併將創造出獨占軟體業的公司。在得知政府反對的立場後，微軟打消了併購直覺的念頭。沒有公司喜歡和華

---

*譯註：微軟在1994年提議併購直覺。

盛頓的托辣斯剋星作對。

唯一獲得政府的祝福、得以存活下來的獨占是大聯盟棒球，因為那是全國性的休閒活動，所以國會讓它豁免於反托辣斯法。棒球員一直強烈抗議這一點，所以在近來的棒球罷工事件後，國會揚言要取消這項豁免。雖然這還沒有發生，但也許有天會吧。

著名的道瓊平均指數

1884年，一位名叫查爾斯·道（Charles Henry Dow）的新聞記者，發明一種讓股票迷追蹤整體股市表現的方法。他集合11檔重要的股票，在每個交易日結束時記下每一檔股票的收盤價，把它們加起來除以11，得出一個平均數。道氏將每日的平均數刊登在一份稱為《顧客午後信》（*Customer's Afternoon Letter*）的新通訊上。

道氏的平均指數剛開始只是引起大家的好奇，沒想到最後竟讓他在青史上留名。它後來以道瓊平均指數而聞名（瓊斯〔Jones〕是道氏在新聞事業上的夥伴，因而稱為道瓊指數〔Dow Jones Average〕），成為過去一百多年來美國股市的主要指標。即使到今日，當人們問「股市情況如何？」或「股市收盤多少？」，他們說的就是道瓊平均指數。當有人說「股市漲30點」或「跌50點」時，他們指的也是道瓊指數。

最早的道瓊指數包括9檔鐵路公司股票，因為當時鐵路公司在華爾街的地位極重要，人們認為鐵路公司將永遠支配美國商業。過了十二年後，道氏組合另一個平均指數，即工業平均指數，代表美國的基礎產業（石油與天然氣提煉廠、煤礦商、冶鍊業等），包括把

原料轉變成燃料、鋼鐵和橡膠等整個經濟所仰賴產品的產業。最早的道瓊工業指數都是獨霸市場的公司，規模大且具舉足輕重的影響力，有如今日的微軟和沃爾瑪，但大部分後來都消失得無影無蹤。

誰聽過美國棉花油（American Cotton Oil）、芝加哥天然氣（Chicago Gas）、拉克德天然氣（Laclede Gas）、國家鉛業（National Lead）、田納西煤鐵（Tennessee Coal & Iron）或美國橡膠（U.S. Rubber）？這些公司都是道瓊工業指數初始的成分股。你唯一認得的名字是奇異（General Electric），它歷經這麼多年始終屹立不搖。

投資人可以從中學到一個重要的教訓：商業就像運動，常勝軍和成功的組織不會永遠保持第一。在商業或運動中，要達到頂尖地位極其困難，要長保第一更是難上加難。紐約洋基隊在1970年代的黃金年代即將結束時發現這一點，匹茲堡鋼人隊（Pittsburgh Steelers）和波士頓塞爾提克隊（Boston Celtics）也是。田納西煤鐵、拉克德天然氣、美國棉花油何嘗不是如此。奇異是贏家保持常勝的罕見例子。

藉由比較最早期的道瓊工業指數與今日擴增到30檔的指數，就能發現美國的變遷。麥當勞是今日的成分股之一——漢堡也是工業嗎？嚴格來說不是，但麥當勞是如此重要的公司，所以被納入道瓊指數。當道氏選擇初始的工業公司時，沒有一家餐飲公司大到合乎他的標準。可口可樂也是今日的道瓊指數成分股。像可口可樂營運如此廣泛、勢力如此龐大的公司，的確該列入其中，但在1920年代它的規模還很小，大多數投資人對它一無所知。迪士尼（Disney）也是今日道瓊的成分股，但它直到1940年才開始上市交易。當道氏發

明道瓊指數時，迪士尼（Walt Disney）還沒畫出第一隻卡通米老鼠呢。

今日的道瓊指數證明美國不再是當年的基本工業大國，仰賴煤礦、鋼鐵廠等重工業的生產。隨著工廠逐漸退至商業和華爾街的陪襯地位，餐廳、銀行、零售業、娛樂公司，以及晚近的電腦與軟體公司，也陸續登上舞台中央。

公司城

在農場工作的美國人快速減少，到1920年以後，大多數人已住在城市，因為那是企業做生意的主要地點，提供最多的就業機會。有些公司甚至建立自己的城鎮，以便員工有居住的好地方。美國鋼鐵公司創造了印地安那州的蓋瑞市（Gary），賀喜巧克力公司從零設計出整個賓州賀喜鎮（Hershey）——雖然沒有威利·旺卡（Willy Wonka）*想要的薑餅與水果糖屋及棒棒糖街燈，但人們還是很喜歡。賀喜鎮今日仍是居住的好地方，但有幾個公司城的結局並不好，最有名的例子是伊利諾州位於芝加哥邊緣的普爾曼鎮（Pullman）。

當年想住在普爾曼，必須受僱於製造火車旅客車廂的普爾曼公司（Pullman）。將近9,000名的普爾曼員工和其家人，都住在完全一樣的房屋，環繞一個公園和一座湖。普爾曼鎮在「環境」這詞還未成為流行詞彙之前很久，就已經是環境規劃的典範。那座湖扮演冷

---

*編按：威利·旺卡（Willy Wonka）是羅爾德·達爾（Roald Dahl）小說《查理與巧克力工廠》（*Charlie and the Chocolate Factory*）的主角，是一名糖果製造商。

卻水池的功能，供應工廠的用水。來自鎮民廁所的污水則被用作肥料。

學校很棒，風景十分優美，人們受到很好的照顧，所以普爾曼是一個快樂的小鎮，直到火車車廂的生意變差，公司不再賺錢。普爾曼做任何不賺錢的公司會做的事——削減支出，包括減少給員工的薪資和福利。憤怒的工人展開罷工，而這場罷工和對公司的怨恨摧毀了這個城鎮。最後，公司賣出房子和其他建築，整個運作逐漸停頓。普爾曼宣告破產。

由公司提供住宅、教育、醫療和其他民生必需系統有一個危險：如果公司經營良好，提供社會服務就不成問題，但如果公司經營不善呢？這時有兩個選擇，一個是裁撤員工和削減支出以減少赤字，學校、醫院和公園可能被迫關閉，以便公司能夠生存下去。另一個選擇是所有服務和支出持續不變，直到公司不支而倒閉。

資本主義最大的優點是，虧損的公司有機會嘗試扭轉頹勢，如果還是不行，它可以停止苟延殘喘。沒有生產力的企業可以死亡，工人繼續尋找其他體質較強健的行業。但當公司必須扮演第二種角色——當員工的醫生、老師和照顧者時，它可能為了讓員工能繼續享有全部福利而繼續營運。

這是共產主義崩潰和社會主義出問題的原因之一。共產主義的企業不是真正的企業，它們存在是因為共產黨領導人和中央計劃者決定它們應該存在。例如，俄羅斯的中央計劃者喜歡興建鋼鐵廠，有一段時期俄羅斯人很擅長製造鋼鐵，國內到處都是鋼鐵廠。

另一方面，為人民製造鞋子或衣服的工廠卻很少，這導致鞋子和衣服商店的供應短缺和顧客大排長龍。俄羅斯消費者產品有龐大的潛在市場，人們很希望有更多食物和更多衣服，但計劃者卻無動於衷，他們只想蓋更多鋼鐵廠。也許他們認為俄羅斯人可以開始穿鋼製的褲子。

在共產主義經濟中，所有資源——一切製造出來、被購買或銷售的東西——都由一小群經理人控制。在資本主義經濟，如果鋼鐵廠太多，我們會出現鋼鐵供給過剩，價格會下跌，鋼鐵公司會虧損，人們會停止買鋼鐵股，銀行會停止借錢給鋼鐵公司。鋼鐵廠會被迫減產，因為沒有可供擴張的資金，它們會停止擴張。

其結果是，未投資在鋼鐵公司的錢會被用在其他地方，用來興建鞋工廠、牛仔褲工廠、商場、滑水道遊樂場或住宅開發計畫——用來生產市場尚未飽和、仍有需求的產品。史密斯的「看不見的手」永遠不會出差錯。

馬克斯

最有影響力的共產主義經濟理論出自馬克斯（Karl Marx）的腦袋。生於1818年的馬克斯是德國人，但他在倫敦發展出他大部分的思想——正當他的妻小住在倫敦的公寓裡挨餓受凍時。雖然他喜歡經濟學，他的個人理財卻不及格。

馬克斯嘗試把資本主義簡化成一則公式，就像牛頓處理重力問題那樣。其著作《資本論》（Das Kapital）變成世界各地共產主義的聖經，你可以說，除了聖經以外，那是有史以來影響力最大的一本

書。它說服列寧（Lenin）和其他有影響力的俄羅斯人，在贏得俄國革命後建立一個共產主義國家。

根據馬克斯的想法，資本主義註定滅亡，因為隨著企業成長，愈來愈多人受制於機器，勞動力的價值勢必下降。全世界的勞工將必須工作更久，賺取更微薄的工資，直到最後他們忍受不了，憤而燒燬工廠，並加入共產黨。

在馬克斯寫書時的工廠工作的確很辛苦，它們陰暗、嘈雜、骯髒且危險，女人和兒童被迫每天工作12到18小時照顧機器，只能賺取極少的工資。有些人在違背自己意志的情況下被關在工廠工作，許多人染患疾病。煙囪冒出的煙塵遮蔽天空，空氣遭到污染。

馬克斯痛恨他看到的現象（雖然他家人的生活狀況並不比工廠工人好多少），他決心證明工廠的悲慘狀況不會永遠存在。但他的理論完全沒有料中，工廠工人非但沒有工時愈來愈長、工資愈來愈少，反而工時愈來愈短、工資愈來愈多，因為工廠添置了新設備，使每個工人得以在相同的時間製造更多產品。

有了更有效率的機器後，工人就有更多時間，工廠也更有能力提高工人的工資。這些加薪往往是爭取得來的，但通常總是工人能如願以償獲得加薪。且不像馬克斯所說工人注定過悲慘的生活，反而工作環境變得更乾淨，工人帶回家的錢也更多了。這是最多工廠的國家——英國、美國和西歐——也最富裕的原因，相較之下，世界其他地區仍貧窮落後，由少數大地主擁有一切。

結果證明馬克斯錯得離譜。註定滅亡的是共產主義，因為共產主義

國家的生活水準持續滑落，而資本主義國家則不斷提升。俄羅斯和東歐國家的工人最後推翻了共產主義，轉而擁抱西方體制。

1929年崩盤前

在1929年股市崩盤前，華爾街是一個忙碌的地方，尤其辦事員特別忙，因為大部分文書工作都以原始的工具進行，例如計算機和打字機。這個工作極花時間，而股票經紀公司需要很大的倉庫來儲存記錄。

在紐約證交所交易股票的公司總市值約870億美元，比起今日5.4兆美元的總市值只有九牛一毛。現在光是埃克森公司的股票市值就遠超過870億美元，這家公司的股東人數也超過任何其他上市公司。

在1929年，AT&T是股東最多的公司，也是全世界最大的企業，但鐵路業仍是最大產業，其次是石油，然後是鋼鐵。如果你想要安全穩當的投資，買鐵路公司就錯不了。鐵路公司支付優厚穩定的股利，雖然這個角色後來被電力公用事業取代。

和AT&T一樣，鐵路股票在崩盤期間表現良好，但在股市回升時的表現卻沒有那麼好。很少經濟學家（更少算命師）料到鐵路公司日後會喪失領導產業的角色，退居到對大眾生活無足輕重的地位，且其股票在接下來數十年變成乏善可陳的投資。股票的好壞完全視時機而定。

鐵路產業沒落的主因之一是汽車產業，這個趨勢自然引起投資人的注意。汽車產業展現出典型的新企業發展，在剛開始時，汽車製造

只是家庭事業，汽車在全國各地的車庫裡製造。到19、20世紀之交，汽車製造廠主要分布在新英格蘭、中大西洋各州和中西部。

亨利‧福特（Henry Ford）就在此時脫穎而出，他建立生產線，採用大量生產的方法，就像杜克生產香菸和亨氏生產酸黃瓜一樣。他製造出統一規格的高品質、低售價汽車，並深受大眾喜愛。人們買光福特生產的所有「T型車」，但他們無法購買股票，因為福特是未上市公司，由福特、其家人和朋友持有股票。另一方面，通用汽車是上市公司，在1929年已是一檔很受歡迎的股票——它是美國第三大股票，僅次於AT&T和美國鋼鐵。在福特專心生產T型車時，通用汽車則致力於生產多樣的車款供顧客選擇。事實上，通用雖然超越福特，但福特看到前景，並且也增添自己的新車款。當時汽車業中較小的競爭者還有克萊斯勒（Chrysler）、哈德遜（Hudson）和納許（Nash）。

在當時，連鎖店已是美國各地城市和鄉鎮熟悉的景象，其中最著名的是來自賓州的伍爾渥斯百貨（Woolworth），創立於19世紀，也是歷史上首見的百貨連鎖。接著有麥克利（McCrory）、克雷斯（Kress）和克瑞斯吉（Kresge）。A&P也建立了全國性的超級市場連鎖。第一家購物中心鄉村俱樂部廣場（Country Club Plaza）1922年在堪薩斯市附近創立。

今日藥房、糖果店、百貨公司和雜貨店的最大品牌，在1929年時都是小公司，比起美國鋼鐵或紐約中央鐵路這類強大的鐵路公司，都是微不足道的小咖。1929年領導業界的食品公司是聯合水果（United Fruit）、國家乳品（National Dairy Products）和博登（Borden）。通用磨坊（General Mills）和皮爾斯貝利麵粉

（Pillsbury Flour Mills）在穀物和烘培業都是相對的新進者。可口可樂當時的股票市值只有1.34億美元；箭牌的市值為1.36億美元；吉列（Gillette）市值2.26億美元，而寶鹼市值則為3.45億美元。比較起來，可口可樂公司在1994年每天獲利將近700萬美元。

西爾斯（Sears）當時是零售業的霸主，緊跟在後的是長期勁敵蒙哥馬利華德（Montgomery Ward）。伍爾渥斯擁有一個「五分或一角商店」的全國網絡，裡面所有東西的售價都不到10美分。

郊區逐漸在城市週邊冒出，但當時的郊區還沒有商場，因為連絡郊區與郊區的道路和公路網尚未興建。例如，在波士頓外面，你可以搭火車或電車從鬧區到布魯克萊恩（Brookline）或到納提克（Natick），但沒有路可從布魯克萊恩到納提克。因此如果布魯克萊恩有商場，只有住在那裡的人到得了。不但道路太少，汽車的供應也不足。

人們到城市裡購物，在鬧區的百貨公司買東西，或在鄉鎮地方的家庭商店，但那裡不但價格高，而且商品種類有限；如果他們住在偏遠地區，他們會看蒙哥馬利華德或西爾斯的郵購目錄採購。

今日每個街角都有一家商店，在每條公路的交流道出口都有一家大商場，因此我們很難想像一家零售商會像西爾斯那樣贏得購物者的心。在美國的偏遠地區，西爾斯不只是一家郵購目錄公司，而且對數百萬名忠誠的愛好者來說，它還是刺激和紓解沉悶無聊的來源。西爾斯活像商業的天賜禮物，喬治亞州州長塔馬吉（Eugene Talmadge）在對當地農民的競選演講中曾說：「你僅有的朋友是耶穌、西爾斯和塔馬吉。」

名不見經傳的小企業逐漸茁壯成明日的億萬公司，這發生在1990年代，就像發生在1920年代和其他年代一樣。辦公室設備在1929年已不是家庭工業，當時這行業的前五大品牌分別是郵址印刷機公司（Addressorgraph-Multigraph）、博洛夫計算機（Burroughs Adding Machine）、國際商業機器公司（IBM）、國家收銀機（National Cash Register）和雷明頓蘭德（Remington Rand）。各家公司的市值介於900萬美元到6,500萬美元。五家中有四家（除了郵址印刷機公司）變成企業巨人。

許多投資人在1929年的崩盤中傾家蕩產，但賣股票給他們的經紀公司度過這場浩劫。幾家較不知名的經紀公司破產，但大多數仍繼續營運。在當年，人們買股票可融資90％，這也是崩盤讓他們血本無歸的原因。最後他們的負債比當初投資的金額還多，證券商必須討回這些債務，他們想盡辦法追索顧客的資產。華爾街的公司也用借來的錢買股票，但借錢給他們的銀行較為寬容，給他們額外的時間償付債款。散戶投資人的運氣可沒有那麼好。

恐懼崩盤

美國歷史上沒有一個事件像1929年崩盤那樣，讓如此多人、在如此長的時間裡憂慮煎熬，1929年以後出生的人也為它受苦，甚至1929年後出生者的下一代還受它拖累。

美國安然度過革命戰爭和南北戰爭、兩次世界大戰、韓戰、越戰，以及許多次較小的致命衝突。美國也度過芝加哥大火、舊金山地震和大火、洛杉磯地震，加上無數次較小的地震和數十次或大或小的

颶風。美國熬過傷寒瘟疫、肺結核大流行、小兒麻痺大流行、乾旱、水災、暴動、罷工以及情人節大屠殺，但我們尚未擺脫1929年股市崩盤的陰影。

那是歷史上危害最大的集體恐慌，它讓數百萬名美國人至今仍不敢購買股票和從中獲利。許多人腦子裡仍潛藏股市正邁向另一次崩盤、將掃盡所有人畢生積蓄的恐懼，唯恐把錢投入其中將落得流落街頭、身裹舊毛毯、睡在遊民收容所、吃冷豆子、賣蘋果和鉛筆的下場。1930年代的人就是這麼說的：「喬大叔要出去賣蘋果和鉛筆了。」那在當時是個大產業。

當然，以後可能再發生股市崩盤。1987年就發生過一次，在1981-82年有過一次小崩盤，1973-74年有另一次大的，但股市最後都再度回升，沒有一次例外。往好處看，崩盤正是低價買進股票的大好機會。

崩盤最大的問題是，股票要花多久的時間才會回升。道瓊工業指數在1972年突破1,000點，十年後一度跌回800點以下。投資人的耐心在這段期間大受考驗，但這次考驗不像1929年崩盤後那樣嚴酷。1929年崩盤後花了近二十五年的時間許多股票才回漲，等了那麼久後，許多人已厭倦等待，並發誓絕不再買任何股票。

但股市回升緩慢不能怪罪崩盤本身，而是與大蕭條（Great Depression）有關。大蕭條之所以稱為「大」，是因為其引發的經濟倒退、社會遭受衝擊的規模之大為歷來僅見。

在持續約十年的大蕭條期間，資金極為短缺，就業機會稀少。商店

關門，員工失去工作和收入來源，這意味他們沒有錢買東西，所以商店沒有生意，進而使員工沒有薪資可領。經濟墜入災難性的境地，公司無法賺錢，股價因而下跌，且始終維持在很低的價格。

大多數歷史學家會告訴你，大蕭條不是1929年崩盤造成的，雖然許多人把它視為罪魁禍首。當時只有極少數美國人擁有股票，因此絕大多數人沒有因為股市崩盤而損失任何金錢。大蕭條的起因是世界性的經濟不景氣，加上政府錯誤地管理貨幣供給，和在錯誤的時機提高利率。美國政府沒有挹注更多流動性以支撐經濟，反而做出完全相反的事——把流通中的錢抽走，使經濟緊急煞車。

幸好政府從錯誤中學到教訓。現在當經濟減緩時，政府會很快增加貨幣供給和降低利率，以便經濟體系裡有更多錢，貸款的成本可以降低。貸款成本降低鼓勵人們購買住宅和昂貴的東西，也鼓勵企業擴張。購屋和企業擴張增加可推動經濟成長。降低利率可能要連續數次才足以重振經濟，但我們從二次世界大戰後經歷九次經濟不景氣，而九次經濟都重新復甦。

在1930年以前，蕭條和恐慌頻繁發生，但自大蕭條以後，美國未再有蕭條。因此在過去約五十年，經濟不景氣轉變成蕭條的機率極其微小——事實上就九次不景氣來說，機率是零。沒有人敢說一輩子不會經歷一次蕭條，但截至目前，在過去半世紀你要是賭經濟會再次蕭條，一定會讓你破產。

很可能我們已經找到永遠杜絕經濟蕭條的藥方，就像我們發明預防小兒麻痺的疫苗一樣？有幾個理由讓我們這麼想。第一，政府透過聯邦準備銀行體系隨時準備降低利率，在經濟出現減緩跡象時挹注

資金到體系，讓它重新恢復活力。第二，我們有數千萬名靠社會安全和退休金生活的人，不管如何都有錢可花。再加上1,800萬名從聯邦到地方各階層的公務員，經濟又多了一支消費大軍。只要這一大群人繼續花錢，即使經濟可能減緩，卻不至於是1930年代那樣完全停頓的地步。

第三，我們的銀行存款有保險，因此即使銀行破產，人們也不會損失全部的錢。在1930年代，當數百家銀行關門時，所有存款全化為烏有，這本身就足以把美國推落災難的境地。

在所有變遷中最重大的改變是，政府的地位大幅提升。今日，政府在經濟中扮演最大的角色，相較於在1930年代只是輔助角色，甚至在1900年代以前更是微不足道。當你聽到人們抱怨大政府支配我們的生活時，記住就是同一個大政府進行飛航管制、避免飛機彼此相撞，也是它雄厚的支出能力使我們免於墜入第二次大蕭條。

如果你相信我們不太可能再重蹈大蕭條的覆轍，你就能對股市下跌較為放心。只要經濟仍有活力，企業就能賺錢。企業賺錢，它們的股票價格就不會跌到零，絕大部分公司會存活到下一個繁榮期，股價也將回漲。

歷史不必然重演。當有人告訴你歷史會重演時，提醒他或她，我們已有半個世紀不曾有過經濟蕭條。為了躲避1929年式悲劇而遠離股市的人，錯過了擁有股票的所有好處，這才是更大的悲劇。

有關崩盤的傳說

有關1929年崩盤的許多迷信、傳說和道聽塗說被代代相傳，你可能聽過有許多絕望的投資人從紐約的摩天大樓窗戶跳樓自殺，但根據克林格曼（William Klingaman）的著作《1929：大崩盤那一年》（*1929: The Year of the Great Crash*），華爾街發生那場災難後數週的自殺率並沒有升高；只有幾個人跳出窗外，但不見得是因為股票的損失。

厄爾無線電公司（Earl Radio Corporation）的副總裁，從雷辛頓大道的樹爾登飯店（Hotel Shelton）11樓跳樓而亡，但那是在11月初，在10月24日崩盤之前數週；崩盤之後數天，一群人聚集在一個建築工地前，看到有個人坐在鋼樑上。他們以為他是知名的投資人，正準備了卻殘生，結果他是個正在吃午餐的建築工人。

英國政治人物邱吉爾當時住在薩弗伊廣場飯店（Savoy Plaza Hotel），上一層樓的房間正好有人從15樓窗戶跳樓並當場斃命。這椿意外被視為股市崩盤導致，雖然沒有任何證據證明與股市有關。大多數在這段期間自殺的人用槍了結自己生命、把頭伸進瓦斯爐裡，或選擇不是從高樓窗口跳出的方式。

例如，康提信託公司（County Trust Company）的李歐登（James Riordan）對著頭部舉槍自盡；有家室的寇斯比（Harry Crew Crosby）死於和女友狂吸鴉片（這則新聞被報導成華爾街醜聞，因為寇斯比是摩根銀行一位投資銀行家的兒子，但他是個作家，與摩根銀行沒有任何關係，銀行和他也沒有任何關係）；長島一位股票

經紀人的妻子對著心臟開槍自殺（沒人知道她為什麼沒開槍殺她丈夫）；紐約州羅契斯特一位公用事業主管在臥室以瓦斯自盡；費城一位金融家在他的運動俱樂部開槍自殺；羅德島普羅維登斯一名投資人，在他的經紀商辦公室看行情電報機時暴斃；密爾瓦基一名投資人舉槍自盡並留下一張遺書說：「我的身體應捐作科學研究，我的靈魂則捐給美隆（Andrew W. Mellon，著名的匹茲堡大亨）。對於我的債主，我深表同情。」

所以，我們從哪得來股市崩盤的受害者都從紐約的高樓跳樓自盡的概念？主要來源似乎是喜劇演員羅傑斯（Will Rogers）。在股市崩盤後不久，羅傑斯說：「情況已經嚴重到紐約的旅館櫃檯會問住進來的客人：『你是要睡覺的房間，還是跳樓的房間？』如果你想要有窗戶的房間，必須排隊等。」

但羅傑斯只是想博君一笑。他開得起這種玩笑，因為他聽從著名華爾街大亨巴魯克（Bernard Baruch）的建議。聰明的巴魯克在股市崩盤前把股票全部賣光，羅傑斯也學他這麼做。在演藝人員中，坎特（Eddie Cantor）和馬克斯（Groucho Marx）就沒有如此幸運了。

崩盤真正的受害者是借錢買股票的人，也就是所謂的「融資戶」。在當年，只要10％的資金就可以買100％的股票，所以如果你有1萬美元，就可以借入9萬美元來買價值10萬美元的股票。當崩盤跌掉股票一半的價值時，你手上的股票只值5萬美元，你無法償付的債務則有9萬美元。

大蕭條中的好消息

即使是大蕭條也不見得人人都過得很悲慘。資金奇缺，數百萬人丟掉工作，所以整體來看情況非常糟；但對某些公司來說，他們的員工、投資人和營運都一帆風順。

雜貨商店A&P就是一個好例子，當每個人都關閉商店時，A&P卻逆勢而為大舉展店。它的銷售和獲利雙雙增加，因為不管情況變得多惡劣，大家還是得買雜貨。國民所得從1928年到1933年減少約一半，但不管所得剩下多少，人們都會把錢花在食物上。

某些類型的公司可以安度蕭條、衰退和其他資金困窘的時期。這類公司稱為消費者成長型公司，他們銷售不貴的產品：啤酒、軟性飲料、點心等東西，或者必需品，像是人們不可缺少的藥品。口香糖和糖果公司如箭牌，可能在衰退時生意大好，因為箭牌創辦人萊格利（Wrigley）就曾說：「人們愈悲哀，口香糖就吃得愈多。」

不令人意外的是，《商業週刊》（*Business Week*）於1932年報導A&P的營運情況良好。但商場總是隨時有威脅潛伏在某處，問題是你永遠不知道威脅會是什麼。這是投資人最常犯的錯誤之一，他們專注在自認的大威脅上，也就是每個人都在談論的威脅（氣候暖化、核子彈頭爆炸、波士尼亞戰爭、日本的貿易問題），卻忽視了能決定他們投資的公司成敗的小事情。

A&P安然度過大蕭條，但他們要擔心的威脅是小豬扭扭（Piggly-Wiggly）。小豬扭扭是一家位於田納西州曼菲斯的公司率先開設的

自助式商店——顧客不必請櫃檯裡的店員從貨架拿貨品，可以任意
在商場走道上拿自己想要的產品，然後到櫃檯結帳。這是新的做
法，自助式服務意味商店可減少僱用店員，購物者也可以接觸更多
產品。

這對A&P而言是一個關鍵時刻，如果這家公司的管理階層太過安逸
以致忽略了小豬扭扭的挑戰，它可能步上恐龍的後塵。很多公司經
常如此：蕭條難不倒它們，戰爭它們可以應付，臭氧層的破洞影響
不了它們，但競爭會讓它們倒下。

公司必須迅速因應市場的變遷，否則將被淘汰。A&P看出它非做不
可的事，而且也做了。它關閉數千家小商店，並開了幾家自己的超
級市場。

1935年，全美只有96家超級市場，只有24個城市有超級市場。然而
小豬扭扭的創意很快就大受歡迎，A&P藉由改變小商店為大商場的
策略，為自己創造出掌握二次世界大戰後雜貨業蓬勃發展的優勢。

美國復興

第二次世界大戰對整體文明來說雖然造成可怕的破壞，卻使美國經
濟重振活力。美國軍人返回家鄉後，郊區在城市四周紛紛建立起
來。人們開始買汽車、房子、冰箱、洗衣機、電動吸塵器，和各式
各樣節省體力的裝置。在19世紀大幅提高農場效率的機器，到了20
世紀開始為家庭做同樣的事。

每次有新的發現、節省時間的新電器、節省體力和麻煩的新發明和產品，總會有維護傳統的人作壁上觀、嘲笑，並惋嘆簡單、自然的生活已成過去，追念昔日家庭自己烹煮食物、和旅館由家庭經營的美好時代。但他們只是徒然抗拒一個進步的大潮流，因為人們看到好東西自然知所取捨。家庭主婦偏好吸塵器勝過簡單的掃把，喜歡洗衣機勝過簡單的攪拌槽，她們鍾愛調理食物勝過在熱爐子前熬煮飯菜。在公路上，家庭期待住進連鎖旅館、在連鎖餐廳用餐，因為他們知道在那裡可以得到什麼樣的服務。孩子們看到強森（Howard Johnson's）假日旅館或麥當勞便歡欣鼓舞。

戰後的年代對上市公司來說是忙碌的年代，每年有數百家新公司上市，但絕大多數美國人避開股市。1929年大崩盤的記憶猶新，人們堅決不肯拿畢生積蓄到股市賭運氣，即使許多優良企業的股票賣得極為便宜。少數勇敢的股票投資人無不獲得豐厚的報償。

投資人保護

當你買股票、債券或共同基金時，即使不包括被假資訊誤導或被欺騙的危險，你原本就已承擔許多風險。因此投資人應受到保護，免於碰上詐騙、哄抬或偽劣冒牌貨等情況，就像顧客在零售商店享有的權利一樣。

你買夾克時，你會想知道那是不是像售貨員所說的那種夾克，是用標籤上寫的材料製造，你支付的也是公平的價格。這就是政府通過真實廣告法的原因。當你買股票時，你需要知道那家公司的營運狀況是否就像其宣稱的，財務報表是否可靠，而且大致說來你買到的

是否符合支付的價格。這就是政府通過嚴格的法規，規範股票經紀人、交易員、共同基金和專業基金經理人、企業主管和公司本身的原因。

在大蕭條之前，許多這類保護措施並不存在。沒有法規要求公司申報詳細的財報，因此公司可以對投資人隱瞞經營問題。能比別人更早知道公司利多或利空消息的所謂內部人，可在消息傳出前買進或賣出股票，從「內線交易」（insider trading）獲得暴利。內線交易在當時還是會引人側目，但許多內部人仍照做不誤。

在1929年崩盤前，一些強盜大亨及他們的親信經常在股市炒作股票圖利，他們知道如何操縱市場，在低價時嚇唬投資大眾賣出股票，在股價高得離譜時卻能誘使投資人買回當初以低價賣出的股票。

當時很少投資人想深入瞭解自己擁有的公司，因為他們知道股價的起伏循環與公司的基本面毫無關係。投資人反而嘗試尋找聰明的下注方法，但除非你是內部人，否則這是不可能做到的事。當年買股票就像和專業賭徒打樸克牌，專業賭徒可以看牌，你卻必須戴眼罩。他們應該在股市豎立一道警告牌：小心投資，風險自負。

直到大崩盤後，國會針對華爾街的各種炒作手法舉行聽證會，政府才採取遏阻這類行為的措施。證券管理委員會（SEC）隨之創立，其職掌就是制訂法規和懲罰違規者。證管會把它的工作做得很好，受到舉世的讚揚，因為沒有一個國家的股市比得上美國的公平和誠實，很少外國投資大眾受到像在美國的保護。

華爾街的情況當然稱不上完美，人們偶爾還會聽到內線交易的弊

端，但今日在股市違法亂紀的人通常難逃被抓到和懲罰的命運。公司的員工上至執行長、下至處理郵件的工友，只要知道任何會影響股價的消息，進場買賣股票就屬違法。朋友、親戚、銀行家、律師，甚至在洗手間不小心聽到內線消息的人，都不能從這些消息買賣股票獲利。證管會對這一點相當嚴格。

假設你是波音公司的副總裁，你剛聽說中國已同意購買500架新巨無霸客機。你的第一個本能是跑去打電話給你的經紀人，要他趕快下單再買5,000股波音股票，但你不能這麼做。你甚至不能打電話給妻子、丈夫、女朋友、男朋友、兒女、孫兒女、阿姨、叔叔、堂表兄弟和打壁球的夥伴，告訴他們快買波音股票，因為那就是內線交易，你會讓那些人捲入嚴重的刑事犯罪。

做這種事的人通常是怎麼被抓到的？股票交易所和證管會有自己的執法人員，他們會觀察股票交易的模式，如果有任何異常數量的買進或賣出就會發出警訊，調查人員將立即採取行動，找出進行交易的人。如果他們發現大買家或大賣家與公司有任何關聯，或與內部人扯上任何關係，他們就會深入追究，蒐集足夠提出控告的證據。

證管會也監視所有報導、聲明和其他來自公司、經紀商、共同基金等機構對大眾公布的資訊。每隔三個月，每家公司都得申報簡短的公司營運狀況；每隔一年則必須公布一份較長的年度報告。公司必須告知大眾真實的資訊，否則將被處以罰款，公司的主管或董事可能被告上法院。

主管和董事只要買賣自家公司的股票，就必須通知證管會，並把資

訊公告給大眾。了解這些內部人如何處理自己的投資對投資人很有幫助，因為他們參與公司日常的營運管理，如果有幾個內部人同時出售公司股票，他們可能對公司前途不是很樂觀。另一方面，如果他們買進股票，很可能是看好公司前景。

股票交易所本身除了有自己的守法部門外，也受到證管會監視。這些監管人員是股票的警察，他們監看交易廳和電腦系統，尋找可疑的活動。

典型的持股人

紐約證交所每隔幾年就清查哪些人擁有股票、哪些人沒有股票。從1950年代以來，買股票的人逐漸增加，這是一個好趨勢，因為持股人愈多，財富就分散得愈廣。

大蕭條結束後二十年，絕大多數美國人仍對股票心存恐懼，寧可把錢放在銀行裡，認為較穩當安全。但把錢存在銀行固然安全，他們卻錯過了1950年代大好的多頭市場。1952年時，美國只有650萬名持股人，只占全國人口的4.2％，其中80％股票握在1.6％人口的手中。所有股票上漲的獲利都由這一小群不怕股票、了解其利益大過風險的人賺得了。

1962年時（1960年代是另一個股市大好的十年），持股人的數量增為三倍，有1,700萬美國人持有股票，大約是美國人口的10％。股價漲得愈高，就愈多人跳上列車，到了1970年，美國持有股票者達到3,000萬人，占人口的15％。

股市不再像1950年代一樣是個秘而不宣的話題，空前的持股人數長期來看是一件好事。但熱切的股票買家把股價推到危險的高點，因此到了1970年，大多數股票超漲的情況已經很嚴重。從各種標準衡量，人們買股票支付的價格都已高得離譜，他們因為愛上股市賣的任何股票而喪失理智。

這種狂熱在百年內發生過幾次，而每次發生時，市場的「修正」就會讓股價下跌到較合理的水準，在高點買到股票的人難免遭到衝擊。他們無法相信自己在很短的時間內損失這麼多金錢。當然，除非他們賣出股票，否則不會真的有損失；但許多投資人總會賣出，在恐慌中拋售所有持股。他們以過高的100美元買進一檔股票，幾週後就以70美元或60美元的低價賣出。他們的損失正是新買家的獲利，因為如果賣家能夠守住持股、耐心等候修正完成，股價就可能回升到原來的價位。

在1970年代初期殘酷的股市修正中，有極多人賣出股票，大約500萬名持股人集體退出市場，占美國人口的3％。五年後才有同樣多的人重回股市，使美國持股人口恢復到3,000萬人。

到1980年代中期，投資股票的人口已膨脹到4,700萬人。每五個美國人就有一個持有股票，而這些持股人中有33％是透過共同基金投資。紐約證交所所有股票的市值突破1兆美元大關。

1990年時，美國持股人口有5,140萬人，創歷來最高紀錄，而透過共同基金投資的人數增加到十年前的四倍。一般投資人不再有興趣自己挑選股票，而把這個工作交給當時有約4,000檔基金的專業基金經理人。

1990年典型的持股人是約45歲的男性，或44歲的女性。男性的年所得為46,400美元；女性則為39,400美元。男性擁有價值1.35萬美元的股票，女性的持股價值則約7,200美元。後期的年輕投資人數量大幅增加，年齡21歲以下的持股人達370萬人，占該年齡層總數的7％。這是一個很好的發展。

到1995年，紐約證交所所有股票的市值達到5兆美元，與同樣這些股票在1980年時價值1.2兆美元已不可同日而語。不管大投資人或小投資人在工作、遊戲、睡覺和過每日生活的同時，他們放在股票上的錢已經在十五年間為他們賺進至少4兆美元。這才是真正的錢滾錢！

2 | 投資基本原則

現在就投資：你還等什麼？

許多人等到他們已經三十幾、四十幾和五十幾歲時才開始存錢。他們突然想到自己已不再年輕，很快將需要額外的錢來供應退休所需，讓他們可以在湖邊買一間小屋或環遊世界。問題是，等他們發現自己應該投資時，已浪費了許多股票可以自己增值的寶貴歲月。

他們的錢原本可以自己滾出許多錢來。但他們花掉所有錢，好像不會再有明天。他們有許多開支是省不了的，因為他們有兒女要撫養、要支付醫生帳單、學費、保險費、修理房子帳單等。如果沒有剩餘的錢，他們也無法投資，但通常總是有剩餘，只是他們依舊不肯投資。他們把這些錢用來上時髦的餐館吃飯，或用來支付最昂貴汽車的頭期款。

不知不覺間，他們已經日暮西山，而口袋除了社會安全支票，卻沒有多少餘錢。他們在應該開始享福的時候，卻必須節衣縮食度日，因為光靠社會安全支票會讓他們捉襟見肘，連基本生活都難以應付。

避免這種命運的最好方法之一是儘可能提早儲蓄，從你還住在家裡時開始。否則你的支出怎麼可能少到能存錢？這時候你還不必撫養小孩──你的父母可能還供養你。如果他們不收你的房租，那更好，因為要是你有工作，你可以把錢投入未來能獲得報酬的投資裡。你在父母還供養你時投資得愈多，等你搬出去住、支出大幅提高後才有能力過好生活。

不管是一個月10美元、100美元或500美元，儘可能定期省下你能省的錢。

根據新聞報導，許多二十多歲、三十多歲的人都搬回父母家住，以便有免費的房間，免費的電視、錄放影機、運動器材等。這趨勢似乎顯示出，美國已製造出一個白吃白住的新世代，他們缺少出去闖天下、自立門戶的雄心壯志。但這件事有一個我們很少聽人談起的好處，就像《華爾街日報》近來一篇報導所說的：「Ｘ世代開始為退休存錢了。」

這則報導的重點是，二十多歲白吃白住的世代是所謂「失落的世代」，也稱為Ｘ世代，他們正悄悄把錢存起來。顯然這個族群的年輕人存錢的比率高於他們的父母，這些父母是嬰兒潮世代，他們偏好現在花錢、以後再存錢。Ｘ世代發現，他們不能指望社會安全計畫來保障他們未來的支出。他們看到父母辛苦賺錢償付信用卡債務，所以想避免重蹈覆轍。他們追求財務獨立，並趁著還住在家中時努力朝向這個目標，由父母來支付帳單。

這是一個很好的發展，我們只希望更多年輕人追隨這些人的腳步，別掉入類似購買昂貴汽車的陷阱。許多孩子等不及做這件事，他們

一找到第一份工作，便立刻變成汽車貸款的奴隸。開著拉風的卡馬洛（Camaro）新車當然比二手的福特愛思寇（Escort）酷得多，但這種酷長期來看代價十分高昂。酷的代價有多高？想想下面兩個例子：畢貝利（Joe Bigbelly）和卡薇兒（Sally Cartwheel）。

畢貝利在沃爾瑪找到一份工作，他住在家裡，省吃儉用以便支付一輛2萬美元的卡馬洛汽車頭期款2,000美元，其餘的1.8萬美元全部來自汽車貸款。他父母必須出面簽字貸款，但由畢貝利支付貸款。那是一筆利率11.67％的五年期貸款，他每個月得匯給金融公司400美元。他第一次匯錢時為那400美元心痛了一下，但當他開著卡馬洛車到處逛、聽他朋友誇讚那輛車有多酷時，心痛的感覺立刻拋到九霄雲外。

幾個月後，車門上有了刮痕，車子的地氈有了污漬，當卡馬洛車開進停車場時已沒有人大驚小怪。現在那只不過是另一輛車罷了，但畢貝利已深陷汽車債務中。為了供養汽車並開車和女孩子約會，他兼了一份晚上的工作，但這表示他沒有太多時間約會。

五年結束後，他已厭倦了卡馬洛車，而它也早就不酷了。他終於付完汽車貸款，且多花了額外6,000美元的利息支出，所以原本採購的價格加上貸款利息，畢貝利總共投資了2.6萬美元在這輛車上，這還不算稅金和規費、保險費、汽油、機油與維修保養的錢。

到這時，那輛卡馬洛已經老舊斑駁，引擎聲音有點粗嘎。如果他把車賣掉可能賣到5,000美元，所以他的2.6萬美元投資，現在只剩一輛他甚至已經不再喜歡的、價值5,000美元的汽車。

卡薇兒也住在家裡，也在沃爾瑪的賣場結帳區工作，離畢貝利只有幾呎遠，但她沒有買酷車。她花了儲蓄的2,000美元，買了一輛二手福特愛思寇。因為卡薇兒支付現金，所以她不必繳汽車貸款，反而她每個月匯400美元給那家金融公司，投資400美元在股票共同基金上。

五年後，當畢貝利匯出最後一筆汽車貸款時，卡薇兒共同基金投資的價值已增加一倍。基金本身增值一倍，加上每月穩定貢獻400美元到基金，使卡薇兒現在擁有的資產達到3萬美元。她還擁有那輛愛思寇，這輛車足夠她上下班用，而且她不必煩惱車子的污漬和斑駁，因為她從沒把她的汽車當作投資。那只是交通工具罷了。

在我們結束這則經濟寓言故事時，卡薇兒已經有足夠的錢分期付款買自己的房子，並搬出父母的房子，而畢貝利仍繼續當啃老族。他曾邀她約會，但她看上一個帶她到處看房子的房地產經紀人。

讓錢為你工作

錢是很棒的朋友，只要你懂得怎麼讓它為你工作。錢能讓你不費彈指之力，就能在口袋裡擁有額外的現金。舉例來說，你存了500美元在支付5％利息的儲蓄帳戶，一年後你多出25美元，而且不必為一塊草坪除草、或洗五輛車就能賺到它。這是你的錢幫你賺的。

那25美元剛開始可能感覺不多，但如果你每年存500美元、連續十年，5％的利息以複利計算並累積起來會如何？等你第十次存款那年結束時，你將擁有6,603.39美元。其中5,000美元是你存的，1,603.39美元則是你的錢幫你賺的。

如果你在股市一年投資500美元，而不是存放在銀行裡，那些錢就有機會在你過悠閒生活的同時，為你做更多事。平均來看，如果你把錢投資在股市，每隔七、八年你的錢將可增值一倍。許多聰明的投資人學會利用這一點，他們知道資本（錢）的重要性不下於他們的工作（勞力）。

巴菲特（Warren Buffett）就是靠儲蓄、然後投資股票而致富。他一開始做許多孩子會做的事：送報紙。他存下賺到的每一塊錢，年紀輕輕就了解金錢未來的價值。對他來說，他在商店裡看到一部400美元的電視機並不真的值400美元。他總是想著，如果他把那400美元拿來投資而非花掉，二十年後會值多少錢。這種想法讓他始終不浪費錢在他不需要的東西上。

如果你很早就開始存錢和投資，你的錢將足以支持你。這就像有個有錢的叔叔或阿姨，一輩子給你所有你需要的花費，而你甚至不需要寄一張謝卡，或在他們生日時去探望他們。這是大多數人希望的事，是獲得財務獨立的機會，可以去任何地方、做任何事，而同時他們的錢留在家裡為他們賺錢。但除非你養成儲蓄和投資的習慣，每月存下某個金額的錢，而且要趁著年輕時做，否則將無法實現。

最理想的「A+」情況是，你把薪水的一部分存下來做投資。等而下之的「C-」情況是，你把所有錢都花掉。不及格的「F」情況是，你的信用卡債愈來愈多，帳單一直付不完。當你必須支付別人利息時（通常是信用卡公司），你非但沒有讓你的錢幫你賺錢，而且還讓信用卡公司的錢賺你的錢。

不管是西爾斯、殼牌（Shell）或發行信用卡的銀行，企業最愛你用信用卡買東西，只支付一部分現金。他們用自己的錢支付你的帳單，算是借錢給你，雖然你可能不這麼認為。他們對你未付的帳款餘額收取高利息，可能高達18％，所以他們從你口袋賺取的利潤，要遠高於投資股票的預期報酬。換句話說，對信用卡公司來說，投資你比投資股票好賺。

當你用利息18％的信用卡購買一台400美元的電視機，你的貸款一年會讓你多花72美元。如果你每月支付最低應繳金額，讓貸款拖欠更長的時間，最後你可能花800美元買那部400美元的電視機。數百萬名信用卡使用者沒有搞清楚這些，否則美國人積欠銀行的信用卡債就不會高達3,400億美元了。據估計，光在1995年支付給銀行的信用卡債利息總額就高達450億美元。每年美國人多支付這450億美元，只為了能在沒有現金時立刻買東西。

這叫作立即滿足，而購物者為此付出高昂的代價。他們看到廣告，找遍許多家店尋找最划算的電視機交易，為他們省下幾塊錢，然後用信用卡支付電視機的錢，結果讓他們多花幾百美元。他們自願這麼做，完全不思考這是怎麼回事。

在古時候，大約四十五年前，晚餐俱樂部還沒有採用可在多家商店使用的信用卡前，人們真的得等手上有現金才能上街買東西。他們得先存錢才能買電視機、電器、家具，或是去渡假。他們可能花上半年、九個月，甚至一、兩年，以便存夠購物的錢，但他們不必支付利息。

信不信由你，用這種原始方式購物，沒有立即的滿足，卻是一件快

樂的事。當你存錢買下一台電視機，你可以坐在客廳談論擁有電視機是多麼有趣的事。想像那部電視機，或洗衣機，或那套新衣服，本身就充滿樂趣。

當人們辛苦工作、為一次付清錢買東西做出某些犧牲時，他們會感到自豪。欠銀行錢會讓他們緊張，而當付清所有房屋貸款時，他們會開派對，邀請所有街坊鄰居一起慶祝。直到1960年代，美國人開始養成使用信用卡的習慣；到了1980年代，一般家庭都債務纏身，陷於深重的住宅抵押貸款、汽車貸款和信用卡債中。

換句話說，許多家庭讓自己陷入「F」的情況——非但沒錢投資在股票或存在銀行，反而是銀行的錢在賺他們的錢。他們每年支付數百美元、甚至數千美元的利息。買房子或公寓支付貸款利息不是問題，因為房子會增值，但汽車、電器、衣服或電視機不會增值，它們的價值只會愈用愈少。

債務是儲蓄的相反。債務累積愈多，你的生活就愈淒慘。我們從美國各地許多被債務逼迫的人看到這種情況，還有美國政府本身正深陷約5兆美元債務的深淵中。現在納稅人繳納的1美元稅金，就有15美分得用來償付國債的利息，而且這個數字還不斷升高。國債不斷增加是因為政府的花費比收入多，不夠的錢就向個人、退休基金、銀行、外國政府借——任何願意借的都行。我們常聽到平衡預算和削減赤字的討論，但我們每年還是有1,000億、2,000億、3,000億美元的新債務累積到舊債務上。

想像一下，你去年用信用卡買了價值1,000美元的東西，今年你又用同一張信用卡買了900美元的東西。除了華府以外，任何地方的

人都會說你增加了900美元債務，因為你去年欠下信用卡債1,000美元，現在則欠1,900美元。但在華府，他們不這麼想，他們說你減少債務100美元，因為你沒有像去年那樣增加1,000美元的債務，只增加了900美元的債務。

這就是政府自我陶醉說削減赤字、但實際上赤字持續增加的情況。例如今年的債務增加2,000億美元被說成「減少」，那是因為去年政府增加的債務是2,500億美元。實際上債務當然沒有減少，而是又增加了2,000億美元，加上利息，是我們的兒女和兒女的兒女總有一天必須還的債。這些債務會繼續累積，直到政府停止使用信用卡，而只花用它課徵得來的稅收。現在政府得到一個「F-」，並且為所有人立下反面的榜樣。

美國曾經是一個儲蓄的國家，每個所得階層的人都儘可能把錢儲蓄起來，大部分放在地方銀行的儲蓄帳戶裡。這些存款為他們賺進利息，所以最後他們可用來支付房屋的頭期款，或買東西，或支應家裡的緊急需求。另一方面，銀行可以拿人們的積蓄借給購屋者，或房屋營建商，或各式各樣的企業。

高儲蓄率的國家有錢支付興建道路、電話線、工廠、設備，以及各種最新的發明，以協助企業生產更好、更便宜的產品，賣到世界各地。日本就是一個好例子。日本幾乎毀於二次世界大戰，但它極力扭轉頹勢，變成一個經濟強權。日本人從製造塑膠玩具和裝飾品開始，起初「日本製造」是眾人的笑柄。但不久後，美國人開的汽車有三分之一是日本車，美國家庭的電視全都是日本電視，「日本製造」變成高科技和高品質的象徵。

日本能夠重新打造工具、重建城市和鄉鎮，要歸功於高儲蓄率。到今日，日本仍是一個儲蓄國家。美國在這方面有許多要傚法日本之處，因為美國人已不再像以前那樣儲蓄了。在我們每年把4％的錢存下來的同時，日本、德國、中國、印度、台灣和許多其他國家的人卻每年儲蓄10％、20％或更多。在使用信用卡和借錢買馬上享用、卻負擔不起的東西上，美國領先世界各國。

盡可能儲蓄愈多愈好！你將能幫助自己、幫助你的國家。

五種基本投資方法的優缺點

有五種投資的基本方法：把錢存在儲蓄帳戶或類似的地方、買收藏品、買公寓或房子、買債券，以及買股票。讓我們逐一檢視這些方法。

一、儲蓄帳戶、貨幣市場基金、國庫券和定期存單

以上各項都是短期投資。它們有一些優點：它們支付利息，你可以在相當短的時間內回收你的錢。在儲蓄帳戶、國庫券（Treasury bill）和定期存單（Certificates of Depost, CD），你的錢保證不會損失，所以一定可以回收你的投資。（貨幣市場沒有這種保證，但在貨幣市場虧損的機率微乎其微。）

短期投資有一個大缺點，它們支付你很低的利息。有時你在貨幣市場帳戶或儲蓄帳戶得到的利率趕不上通貨膨脹。從這一點看，儲蓄帳戶可能是虧錢的投資選項。

通貨膨脹是物價上漲的委婉說法。當汽油從每加侖1.10美元漲到1.40美元，電影票4從美元漲到5美元，那就是通貨膨脹。另一種解釋通貨膨脹的方法是：金錢的購買力下降。

在最近這段期間，通貨膨脹大約還不到3％，這表示你擁有的每1美元每年損失近3美分。這種損失累積的速度很快，如果以現在的通膨率，十年間你擁有的每1美元都將損失30美分。

儲蓄和投資的第一個目標是趕上通貨膨脹。你的錢是在一架不斷往後退的跑步機上，以近幾年來看，你的投資必須賺3％才能趕上它倒退的速度。

右表清楚地顯示，貨幣市場和儲蓄帳戶支付的利息，往往不足以彌補通貨膨脹的損失。當你扣掉利息收入要繳的稅後，貨幣市場和儲蓄帳戶在下表顯示的二十年間，至少有十年會出現虧損。

這是把錢放在銀行或儲貸機構的問題。那些錢短期內很安全，因為可以保證不損失，但長期來看，稅金和通貨膨脹卻可能帶來虧損。有一個要訣──當通膨高於你從定期存單、國庫券、貨幣市場帳戶或儲蓄帳戶得到的利率時，你的投資就是虧損的投資。

儲蓄帳戶是暫時存放錢、但在你需要支付帳單時可以很快提領錢的好地方。它們也是暫時存錢、直到錢多到可以投資在別處的好地方。但就較長期來看，它們對投資沒有好處。

通膨跑步機

年	貨幣市場利率（％）	銀行存款利率（％）	通貨膨脹率（％）
1975	6.4	5.25	9.1
1976	5.3	5.25	5.8
1977	5.0	4.9	6.5
1978	7.2	4.9	7.7
1979	11.1	5.1	11.3
1980	12.7	5.2	13.5
1981	16.8	5.2	10.4
1982	12.2	5.2	6.2
1983	8.6	5.5	3.2
1984	10.0	5.5	4.3
1985	7.7	5.5	3.6
1986	6.3	5.5	1.9
1987	6.1	5.3	3.7
1988	7.1	5.5	4.1
1989	8.9	6.1	4.8
1990	7.8	5.8	5.4
1991	5.7	4.3	4.2
1992	3.4	2.9	3.0
1993	2.7	2.5	2.8
1994	3.8	2.6	3.0

資料來源：IBC/Donoghue IBC貨幣市場報告、美國勞工統計局、聯邦準備理事會（Federal Reserve）。

二、收藏品

收藏品包括骨董汽車、郵票、舊錢幣、棒球卡、芭比娃娃等物品。當你把錢投資在這些東西上，你是希望未來賣出時可以獲利。有兩個原因可能創造獲利：這些東西放愈久愈受喜愛，人們願意付更高的價格購買它們；此外，通貨膨脹侵蝕現金的購買力，會使所有東

西的價格水漲船高。

投資收藏品的問題是它們會遺失、遭竊、變形、污損、破裂，或被火、水或風損害，如果是骨董家具可能被白蟻蛀咬。有保險可以保障這類損失，但保費很昂貴。整體來看，收藏品會因磨損而喪失價值，雖然也會因為保存時間更久而增值。收藏家永遠期望收藏愈久所增加的價值，會超過收藏品損耗所減少的價值。

收藏是很專門的工作，而成功的收藏家不但得專精於他們收藏的物品，也必須熟悉市場和價格。要學習的事很多，有些可以從書籍學到，其餘的就得不厭其煩地從經驗學習。

潛在收藏家（尤其是年輕的收藏家）要學的第一課是，買一輛新車不是投資。最近有一則汽車電視廣告出現「投資」兩字，如果你看到這則廣告不要被它說動了。骨董汽車是投資──如果把它們放在車庫、很少開它們。但每天使用的新車很快就會減損價值，甚至比金錢減損價值的速度還快。除了遊艇以外，沒有比汽車耗錢更快的東西了。別犯了和畢貝利一樣的錯。

三、房屋或公寓

買房子或公寓是大多數人獲利最豐厚的採購。房屋有兩大優點比其他類投資強──你在等候價格上漲時可以住在裡面，還有你以借來的錢買下它。讓我們算算看。

房屋有增值速度和通貨膨脹率一樣快的習慣。在這方面你不賺不賠，但你必立刻支付所有買房的款項。通常你先支付20％（頭期

款），銀行借給你其餘的80%（抵押貸款）。你在償付貸款的期間支付利息，時間通常從十五年到三十年不等，視你與銀行達成的交易而定。

在此同時，你住在房子裡，而且你不會因為房屋市場市況很差而嚇得賣出房子，像在股市崩盤或修正時因害怕而拋售股票那樣。只要你住在房子裡，房屋就會增值，但你不必因為增值繳任何稅。而且你一輩子有一次機會，政府在你賣出房子時給你減稅的優惠。

如果你購買一棟10萬美元的房屋，一年增值3％，一年過後它的價值將比你支付的價格高3,000美元。乍看之下你會說那是3％的報酬率，就像你從儲蓄帳戶獲得利息一樣。但有個秘密讓房屋變成很棒的投資：在買房的10萬美元中，只有2萬美元來自你的口袋。所以等一年結束時，你將從2萬美元的投資獲得3,000美元的獲利。所以這棟房屋給你的獲利不是3％，而是15％。

當然，在這過程中，你必須支付抵押貸款的利息，但可以獲得稅務抵減（除非政府決定取消這項抵減），而在你繳納抵押貸款時，你是在逐漸增加對這棟房子的投資。這是一種許多人沒有想過的儲蓄方式。

十五年後，如果你的抵押貸款也是十五年，而你也住在這房子裡這麼久了，不但抵押貸款已經還清，而且拜每年增值3％所賜，你以10萬美元買的房子將價值155,797美元。

讓我們接續畢貝利和卡薇兒的例子。他們都升上沃爾瑪的副經理職位，領同樣多的薪水。卡薇兒住在自己的房子，而畢貝利的父母也

把他趕出去住了。他希望自己買一棟房子或公寓，但因為沒有錢付頭期款，不得不租公寓住。

畢貝利每月的房租比卡薇兒每月的抵押貸款繳款低一些，加上她必須買房屋保險、支付草坪服務和偶爾得修繕房子，所以一開始畢貝利的口袋裡有較多現金。理論上，他可以把多出來的現金投資在股票市場，建立他未來的資產，但他沒有這麼做。他把錢花在音響設備、潛水裝置、上高爾夫球課等方面。

一個不存錢買公寓或房子的人，不太可能存錢投資股票。一個家庭必須每個月犧牲一點享受，才有能力擁有一棟房子；但你聽過家庭犧牲享受以便買第一檔共同基金嗎？

卡薇兒已經從買房子養成儲蓄和投資的習慣，只要她持續繳納房貸，她就被迫投資在房子上，而由於她已經從投資共同基金獲得房貸的頭期款，很可能她將來只要有多餘的錢，也會拿來投資共同基金。

十五年後，當她的房貸還完後，卡薇兒將住在一棟價值不菲的資產裡，而她最大筆的每月帳單將消失。畢貝利則因為付房租而沒有多少剩餘的錢，因為房租將比他當初搬進公寓時要高得多。他繳納的房租也會比卡薇兒最後支付的分期付款要高得多。

四、債券

你可能聽過新聞播報員談到「債市」、「債市大漲」，或「債券價格全面下跌」。也許你認識有人持有債券。也許你曾想：「債券是

什麼？」

債券是說起來好聽一點的借據，印在漂亮的紙上，邊緣有線條裝飾，頂端有圖樣，但它的作用和潦草寫在餐巾紙上的借據沒有兩樣。它記錄了你借錢給別人的事實，顯示借錢的金額，償還的期限。它也記載借款人必須支付的利率。

雖然是說「買一張債券」，但你並非真正買任何東西，而是借錢給別人。債券的出售者（也叫發行者〔issuer〕）向你借錢，而債券本身則是交易的證明。

世界上最大的債券發行者是山姆大叔。每當美國政府需要額外的錢時（這幾年是隨時需要），就印製一批新債券。這就是5兆美元國債的由來──美國政府積欠所有購買公債者的錢。國內外的個人和企業、甚至外國政府，都參與借了這5兆美元給山姆大叔。他們把證明借款的借據收在他們的保險箱裡。

最後，這些人的錢都得償還──這就是預算赤字的由來。在這個過程中，美國政府必須支付這5兆美元借款的利息──山姆大叔就快被這些利息給壓垮了。這是政府自己製造出來的爛攤子。美國政府欠了這麼多債，導致聯邦稅收有15％得用來支付利息。

比較可能和年輕人扯上關係的債券是美國儲蓄債券（U.S. Savings Bond）。許多爺爺奶奶送儲蓄債券給孫子和孫女，這是間接送錢給孫兒女的方法。祖父母不直接把錢交給他們，而是藉由購買債券把錢借給政府。幾年後政府加上利息償還這些錢──但不是給祖父母，而是給孫兒女。

美國政府不是唯一發售債券的機構，各州和地方政府也出售債券籌措現金。醫院和機場、學區和運動場、各式各樣的公共機構，以及成千上萬的公司也發行債券。債券的供應很充裕，任何一家股票經紀商都賣債券。你可以輕易買到債券，就像你開一個銀行帳戶或買一檔股票。

基本上，債券很類似我們前面談過的定期存單和國庫券。你買債券是為了賺取它們支付的利息，而且你事先知道多少利息和何時支付，以及何時可收回初始的投資。債券與定期存單或國庫券的主要不同之處是，定期存單和國庫券償還你的時間較快（從數個月到兩年不等），債券償還你的時間較長（你可能等上五年、十年或長達三十年）。

債券償還的時間愈長，通貨膨脹在你收回借款前侵蝕金錢價值的風險就愈高。這就是債券利率往往高於短期投資如定期存單、儲蓄帳戶或貨幣市場的原因。投資人因為承擔較高風險而要求較高的報酬。

在其他條件相同的情況下，三十年期公債支付的利息高於十年期公債，而十年期的利息又高於五年期。債券的買家必須決定他們要投資多久，還有他們賺取的利息是否值得他們的錢被套住這麼久的風險。這是很難做的決定。

就目前來說，美國投資人持有的各種債券總共價值8兆美元。另一方面，投資人也持有各大交易所交易的股票價值超過7兆美元（不包括在地區性或櫃檯市場的交易）。而兩種投資孰優孰劣至今仍爭

論不休，各有優點和缺點。股票的風險高於債券，但獲利的潛力也較大。要了解這個事實，先讓我們看看兩個選項：一是買麥當勞股票，一是買麥當勞債券。

買股票時，你是一家公司的股東，擁有各種應有的權利和特權。麥當勞對你無微不至，他們寄給你財務報告，邀請你參加年度股東大會。他們也派發股利給你當作分紅。如果他們的1.6萬家漢堡連鎖店今年的生意特別好，他們就會加發股利，給你更多分紅。但即使不發股利，如果麥當勞的漢堡生意好到沒話說，股價也會跟著上漲。你可以用遠高於買進的價格賣出股票，靠這種方式獲利。

儘管如此，沒有人能保證麥當勞的生意一定好、股東一定能得到分紅，或股價一定會上漲。如果股價跌到你買進的價位以下，麥當勞不會退錢給你。他們不給你任何承諾，也沒有還錢給你的義務。身為股票持有人，你沒有擔保，你必須自己承擔風險。

當你買麥當勞債券或任何債券時，情況就大不相同了。這時候你不是股東，你是放款人，把錢借給麥當勞一段固定的時間。

如果你是麥當勞債券的持有人，而麥當勞正好經歷漢堡史上生意最好的一年，他們也不會想到要分紅給你。公司總是不斷提高股票的股利以獎賞股東，但你從沒聽過公司提高債券的利息來獎賞債券持有人。

債券持有人最難受的是，眼看著股價漲上雲端，卻知道自己不會因此多賺一毛錢。麥當勞就是絕佳的例子。從1960年代以來，麥當勞股價（調整分割股票後）從每股22.50美元飆漲到13,570美元，讓投

資人的錢增值603倍，100美元變成6.03萬美元，1,000美元變成60.3萬美元。買麥當勞債券的人可沒有這麼好運，他們在投資期間可以獲得利息，但除了利息以外沒有任何報酬。

如果你買1萬美元的十年期債券，十年後你收回本金加上利息，除此之外沒有任何收益。事實上，通貨膨脹讓你收回的錢變得更少。假如債券支付一年8％的利息，而那十年的平均通膨率是每年4％。那麼即使你賺得8,000美元的利息，通貨膨脹會讓你的利息損失近1,300美元。你初始的1萬美元投資經過十年每年4％的通膨率後，將只價值6,648美元。所以整個十年的投資只給你每年不到3％的報酬率，而且這還不算繳稅。如果把稅算進去，你的報酬率接近零。

債券的好處之一是，雖然你錯過股票上漲的獲利，卻也避開了股市下跌的損失。如果麥當勞股票從13,570美元跌到22.50美元，而不是反過來，股票持有人將呼天搶地，而債券持有人將笑得合不攏嘴，因為麥當勞的債券不受股價影響。不管股市發生什麼事，公司必須在貸款結束的日期（即債券「到期」時），償還債券持有人債務。這是債券的風險低於股票的原因。債券附帶償債的擔保，當你買債券時，你事先知道你會獲得多少利息，你不會半夜睡不著擔心股價會漲或跌。你的投資受到保護，至少比買股票更有保障。

儘管如此，在三種情況下，債券會讓你蒙受損失。第一種危險發生在債券到期前出售債券，也就是債券發行者全額償還本金之前。提早出售債券意味你得承擔債券市場的風險，就像股市一樣，每天的價格有漲有跌。因此，如果你在債券到期前賣出，你收回的錢有可能比付出的少。

第二種危險發生在債券發行者破產，無法償還債務時。發生這種事的機率取決於發行者是誰，例如美國政府絕不會破產——它隨時可以印更多鈔票。因此美國政府債券的買家會獲得全額償付，有萬無一失的保障。

其他債券發行者如醫院、機場和各類公司，不見得能永遠提供這種保障。如果它們破產，債券持有人可能損失很多錢。通常他們能收回一部分錢，但無法拿回全部，有時可能全數泡湯。

當債券發行者無法履行必要的償付時，就叫作違約（default）。為了避免碰上違約，聰明的債券買家會在考慮買債券前，先檢視發行者的財務狀況。有些債券有投保，那是保證償付的方法之一。還有債信評等機構會做債券安全評級，以便潛在買家預先知道哪些債券有風險、哪些債券沒有風險。像麥當勞這種財務穩健的公司，會獲得安全的高評級——麥當勞債券違約的風險幾近零。財務差的公司償付債務可能有問題，會獲得較低的評級。你聽過垃圾債券嗎？它們就是得到最低評級的債券。

當你買垃圾債券時，你冒了較高的風險，你的錢可能收不回來。這是垃圾債券支付的利率比其他債券高的原因——投資人因為承擔額外的風險而獲得高報酬。

除了最低等級的垃圾債券外，違約的情況很少見。

擁有債券最大的風險是第三種風險：通貨膨脹。我們已經提過通貨膨脹會如何侵蝕投資。如果是投資股票，長期來看你可以趕上通膨，並獲得可觀的獲利。但投資債券就無法辦到。

五、股票

除了房屋以外，股票可能是你的最佳投資。你不必餵養股票（不像你投資馬或參展的貓），它不像汽車會老舊，也不像房子會漏水，你不必像投資房地產得替草坪除草。你的棒球卡可能因為火災、盜竊或水災化為烏有，但你的股票不會。證明你擁有股票的證書可能被偷或燒毀，如果碰上這種情況，公司會重新寄一份給你。

買債券時，你只是借錢出去；但投資股票時，你是買下公司的一部分。如果公司生意興旺，你就能分享財富；如果公司支付股利，你能分一杯羹。公司要是提高股利，你的獲利跟著增加。成百上千家成功的公司每年會照例提高股利，這是讓擁有股票更加可貴的紅利。公司從不會提高債券的利率！

你可以從右頁的圖表看到，自有記錄以來，股票的投資報酬率就一直超越其他投資。也許在一週或一年內看不到，但長期來看，股票總是讓持有者獲得豐厚的報酬。

超過5,000萬名美國人已發現擁有股票的樂趣和獲利，這表示每五個美國人中就有一個。這些人不是你在名人富豪生活雜誌中看到、開著勞斯萊斯（Rolls-Royces）的大亨，這些股票持有人大多數是小市民，從事一般的工作：老師、巴士司機、醫生、木匠、學生、你的親朋好友，以及住在隔壁公寓或同一個社區的鄰居。

你不必是百萬富翁，甚至不必有好幾萬美元才可以開始投資股票。甚至如果仍沒有錢投資，因為你失業或太年輕所以沒有工作，或者

各類投資年報酬率（％）

	1945-1994	1984-1994	1989-1994
標普500指數*	11.9	14.4	8.7
小型股	14.4	10.0	11.8
美國國庫券	4.7	5.8	4.7
通貨膨脹	4.4	3.6	3.5
美國公債	5.0	11.9	8.3
中期公債	5.6	9.4	7.5
公司債	5.3	11.6	8.4
住宅房地產	N/A	4.3	2.9
黃金（從1977年起）	6.4	0.7	0.1
白銀（從1950年起）	4.6	（4.2）	（0.8）
日本股票（東京證交所，從1973年起）	14.6	16.6	（4.2）
外國債券（摩根大通全球政府債券）	N/A	N/A	9.1
新興市場股票（摩根士丹利新興市場基金）	N/A	N/A	22.7

*標準普爾500指數是著名的美股指數，包含500家公司的股票，經常被視為整體股票市場的指數。
資料來源：Haver、Ibbotson Annual Yearbook、Datastream、《經濟學人》雜誌。

你付完帳單後已經沒有剩餘的錢，你還是可以把挑選股票當成遊戲。這可以是零風險的絕佳訓練。

接受飛機駕駛員訓練的人必須利用飛行模擬器，他們可以從錯誤中學習而不致於撞毀真的飛機。你也可以創造自己的投資模擬器，從錯誤中學習而不損失真正的錢。許多投資人如果從這種訓練學會投資，就可以不必從痛苦的經驗中學習了。

親戚和朋友可能警告過你要遠離股市；他們可能也說過，買股票就像把錢丟到水裡，因為股市就像賭場一樣危險。他們甚至可以拿親身經驗來證明所言不虛。上面的表格可以反駁他們的說法。如果股票像賭博，為什麼一連數十年的報酬率如此之高？

如果有人經常在股市賠錢，那不是股票的錯。股票的價值整體來看長期會上漲，買股票會賠錢的人有99％是因為他們的投資沒有計畫。他們買在高價，然後變得沒有耐性或開始恐慌，並且在股票不可避免的下跌期中以低價出售。他們的座右銘是：「買高賣低。」但你不必和他們一樣，你需要一套計畫。

本書其餘部分將用於了解股票，和發行股票的公司。這些內容都是初步的介紹，但我們希望能為你奠定終身投資的基礎。

長期投資

成功的股票投資人不必是數學天才。你不必是會計師，雖然學習基本的會計概念對投資股票有幫助。你不必是大學優等生或全國榮譽學會（National Honor Society）或門薩學會（Mensa）的成員。如果你能閱讀和做五年級的算數，就擁有投資的基本技巧。接下來你需要的是計畫。

在股票市場，年輕給你超越年紀大者的優勢。你的父母或祖父母可能比你更了解股票，很可能他們是從慘痛的錯誤經驗中學習。當然，他們比你更有錢可以投資，但你擁有最可貴的資產——時間。

右圖證明時間可以為你的帳簿創造神奇效果。你愈早開始投資愈好。事實上，早期的小額投資，長期來看勝過比較晚、較大金額的投資。

你聽過古老的格言「時間就是金錢」嗎？這句話應該改成「時間創

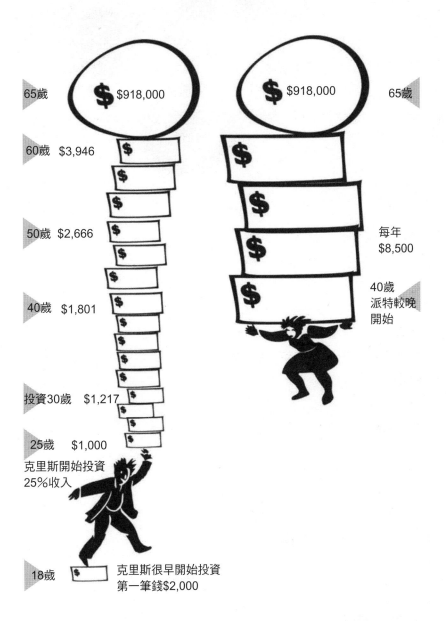

65歲　$\$$ $918,000　　　　　$\$$ $918,000　65歲

60歲　$3,946　$\$$

　　　　　$\$$

　　　　　$\$$

50歲　$2,666　$\$$

　　　　　$\$$

　　　　　$\$$

40歲　$1,801　$\$$

　　　　　$\$$

　　　　　$\$$

　　　　　$\$$

　　　　　$\$$

投資30歲　$1,217　$\$$

　　　　　$\$$

25歲　　$1,000　$\$$

克里斯開始投資
25%收入

$\$$ 每年
$8,500

40歲
派特較晚
開始

18歲　$\$$　克里斯很早開始投資
　　　　　第一筆錢$2,000

造金錢」。這是最佳組合，讓時間和金錢一起工作，而你只要舒服地坐著等候成果。

如果你已決定以股票作為主要投資，並避開債券，你將消除一個混淆的主要來源，並做出明智的抉擇。當我們這麼說時，是假設你是長期投資人，決心無論如何都要抱緊你的股票。必須在一年、兩年或五年內賣出股票換錢的人，當初就不應該投資股票。我們無法預測股價在一年後會有什麼變化。當股市出現「修正」、股價下跌時，那些不得不拋售持股換錢的人，可能蒙受慘重的損失。

二十年或更長是較恰當的時期，長到足以讓股票從史上最慘重的修正回升，也長到足以獲利累積。過去股市創造的總報酬率為每年11％。沒有人能預測未來，但經過二十年、每年11％，一筆10,000美元的投資會神奇地變成80,623美元。

要得到11%的報酬率，你必須保證不管情況是好是壞，都對股票保持忠誠——這像婚姻一樣，是你的錢和投資之間的婚姻。你可能是分析公司的天才，但除非你有耐心和勇氣堅守股票，否則你很可能淪為一個平庸的投資人。好投資人和壞投資人的差別往往不是聰明才智，更重要的是紀律。

不論好壞，堅守你的股票，不要理會勸你放棄的「聰明勸告」，只管「裝成笨驢」就好。這是五十年前一位前股票經紀商施韋德（Fred Schwed）在他的經典著作《顧客的遊艇在哪裡？》（*Where Are the Customers' Yachts?*）中所說的，但這話到今日仍然適用。

人們永遠在尋找股市致勝的秘訣，然而秘訣卻近在眼前：買獲利佳

的好公司股票，沒有好理由絕不賣掉它們。股價下跌不是賣股票的好理由。

要站在鏡子前發誓當長期投資人、並對股票保持忠誠很容易辦到。問一群人有誰是長期投資人，你會發現所有人都舉起手來。現在已經很難找到有人說自己不是長期投資人了，但真正的考驗來自股票下跌時。

本書後面的章節將進一步討論崩盤、修正和空頭市場。沒有人能正確預測空頭市場何時來臨（雖然華爾街有不少人自稱是鐵口直斷的股市算命師），但當空頭市場真正來臨、90％的股票價格同步下跌時，投資人要想不害怕也很難。

他們聽到電視新聞播報員用「災難」和「不幸」來形容股市的情況，他們開始擔心股價會跌到一文不值，投資會血本無歸。他們決定藉賣出股票來挽救剩餘的錢，雖然是以賠錢的價格賣出。他們告訴自己，救一點回來總比血本無歸好。

就是在這時，有許多人突然變成短線投資人，儘管他們口口聲聲說自己是長期投資人。他們讓情緒掌控自己，忘記當初買股票的目的──持有好公司的股票。他們因為股價跌得如此低而陷入恐慌，以致於放棄等候股價回升，就在低價時賣出股票。沒有人強迫他們這麼做，但他們自願賠錢賣出。

他們在不知不覺中落入想抓市場時機的陷阱。如果你說他們是「市場時機操作者」（market timer），他們會斷然否認。但任何人若因為股市或漲或跌而賣出股票，就一定是時機操作者。

市場時機操作者嘗試預測短期的股價漲跌，希望從中快速獲利。少有人能靠這種方式賺錢，沒有人想出萬無一失的方法。事實上，如果有人想出如何持續預測市場的方法，他或她的名字早就登上世界富豪榜了，而且肯定超越巴菲特和蓋茲（Bill Gates）。

嘗試預測市場時機，最後一定讓你在股市最低點、正要回升時賣出股票，而且在股票上漲到最高、正要反轉下跌時買進股票。人們認為這種事發生在自己身上是因為運氣不好，事實上是因為他們嘗試做不可能辦到的事。沒有人比市場還聰明。

人們也認為在崩盤或修正時投資股票很危險，但那時只有賣股票才危險。他們忘記另一種危險──在股市大幅回升的美妙時刻卻沒有投資股票。

少數幾個關鍵的日子就能決定你整個投資計畫的成敗，以下就是一個典型的例子。在1980年代連續五年的多頭市場裡，股市每年上漲26.3％。有紀律的投資人若堅守投資計畫，就能讓投資增值一倍多。但這些增值大部分發生在那五年股市開盤日1,276天中的40天。如果你那40天為了避開下一個修正而未持有股票，你的26.3％報酬率就會降到4.3％。當時銀行定期存單的報酬率都超過4.3％，而且風險小得多。

所以想從股市得到最大的獲利，尤其如果你還年輕、時間站在你這邊，最好的方法是挪出永遠不會動用的閒錢，投資在股票上，長期緊抱。你會碰到行情不好的時候，但只要你不賣出，就永遠不會真的有損失。持續投資在股市能讓你在股市上漲最快的時刻，享有全

部神奇而無法預測的獲利。

共同基金

截至目前，我們已得出兩個結論：第一，如果可能的話，你應該投資股票；第二，只要發行股票的公司營運保持良好，你應該抱緊這些股票，愈久愈好。下一個你要做的決定是，你要自己選股票，還是讓別人幫你選。

選擇輕鬆的方式有許多優點，尤其是當你對數字不感興趣，根本不關心柯達（Kodak）的盈餘是增是減，或耐吉（Nike）製造的鞋是否比銳跑（Reebok）好。

這就是發明共同基金的原因——讓想投資股票、但不想為細節操心的人投資。投資共同基金時，你唯一要做的事就是匯錢到帳戶，以便取得基金的股票。你的錢和許多其他人的錢聚集在一起（你不會真的和他們見面，但你知道他們確實存在），全部交給管理基金的專家。

至少你希望是專家在管理你的錢，因為你指望他或她來決定該買哪些股票，以及什麼時候該買和該賣。

除了有經理人幫你做所有工作外，共同基金還有一個優點，就是它會同時投資許多公司。一旦你與基金簽約，你就自動變成基金擁有股票的數十家、甚至上百家公司的股東。不管你投資50美元或5,000萬美元，你都一樣持有基金所有股票的一部分。這比只擁有一檔股票的風險小，而如果你是新手投資人，剛開始真的可能只買

得起一檔股票。

典型的基金讓你從小至50美元或100美元的金額開始投資，只要你有額外的現金就可以再增加更多持股。投資多少、多頻繁全由你決定。你可以每隔一個月、三個月或六個月投資相同金額，不必為投資多少傷腦筋。間隔多久不重要，重要的是你持續不斷。

你能看出這種分期投資計畫的智慧嗎？你再也不必操心股市今年或明年走勢會如何。在修正行情或空頭市場時，你鍾愛的基金股票會變便宜，所以你會以低價買進更多股票；在多頭市場，你會在高價買進更多股票。長期來看，成本會攤平，而你的獲利將增加。

另一個額外的優點是，許多基金以股利的形式支付現金紅利。你會定期獲得這筆支付——每年4次、每年2次，甚至每年12次。你可以任意支配這筆錢——看電影、買唱片、太陽眼鏡——以獎賞自己投資這檔基金。或者你可以幫自己一個大忙，把股利再投入買更多股票。

這叫作「自動再投資」，一旦你選擇這麼做，你的股利將自動再投入基金。你擁有的股票愈多，未來在這檔基金的成功就愈大，如果你把股利也投資下去，你的錢將增值得愈快。

你可以追蹤你的基金表現如何，就像你看迪士尼或溫蒂漢堡的股價。基金股票的價格每天有漲有跌，大致上與基金投資組合的所有股票價格保持同步。這就是為什麼你投資的基金必須有善於選股的經理人。你與經理人站在同一邊，因為他們表現愈好，你的獲利就愈多。

退出基金很容易。你隨時可以贖回你的錢——不管是全部或一部分——基金會立刻匯錢給你。但除非有緊急事件，或你臨時急需用錢，否則退出基金應該是最後的選項。你的目標是以遠高於你買進的價格賣出持股，所以留在基金愈久，你的潛在獲利就愈大。

在分享基金獲利之餘，你也得支付一部分的基金管理費用和開銷。這些費用和開銷是從基金的資產支付，通常每年投資人要負擔0.5％到2％不等的成本，視基金而定。這表示當你投資共同基金時，每年固定要損失0.5％到2％，另外加上基金每次買進或賣出股票必須支付的手續費。儘管有這些支出，經理人應該讓基金能賺錢，所以他們必須善加操作和選對股票。

這些專業選股人擁有超越數百萬名業餘選股人的優勢。對業餘者來說，選股是興趣，但對專業者而言則是全職工作。他們念企管學院，學習如何研究公司和解讀財務報表。他們有圖書館、高性能電腦和研究團隊的支援。如果某家公司傳出重大消息，他們馬上會知道。

另一方面，專業選股人也有所侷限，使得要與他們競爭更容易些。你我不可能在撞球大賽中打敗專業選手，我們也沒辦法像腦外科醫生那樣進行腦部手術，但我們卻很有機會打敗華爾街的專家。

這些基金經理人像在同一片股票草地覓食的獸群，他們覺得和其他經理人買一樣的股票比較放心，會避免踏入不熟悉的領域。因此他們容易錯過獸群範圍之外的好機會。

尤其他們會忽略較新、較沒有經驗的公司，而這類公司往往變成產業中的明星，股市的大贏家。

基金的歷史

歷史文獻中最早的共同基金是由荷蘭國王威廉一世在1822年所創立，後來這概念傳播到蘇格蘭，儉樸的蘇格蘭人立即愛上它。蘇格蘭人被認為很節省，他們反對隨便浪費錢，並努力累積鉅額資金，以便投資在新創立的基金上。

最後，美國的住民也聽說共同基金的做法，但直到19世紀末，共同基金才開始在美國流行。在當時，共同基金被稱作「股票信託」——最早的記錄是1889年的紐約股票信託。這些股票信託後來演變成1920年代很受歡迎的「投資公司」。

第一檔自稱共同基金的美國本土基金是蕭路米斯塞利斯基金（Shaw-Loomis-Sayles fund），創立於1929年11月，就在股市崩盤後幾週。這對籌劃者來說是很不利的時機，因為股價持續下跌，到1932年才終於觸底。到1936年塵埃落定後，美國有一半的基金（仍稱作「投資公司」）已經倒閉。

投資人從中學到一個重要的教訓：當股票重挫時，基金也會跟著虧損，這個道理至今仍適用。華爾街最優秀的基金經理人也無法在崩盤中保護你，不管是1929年的崩盤，或1972-1973 年、1990年、2000年、2010年或2020年的崩盤都是如此。不管是你自己投資或專業者投資，都沒有萬無一失的投資組合。

1929年崩盤後的十一年，國會通過重要的1940年投資公司法
（Investment Company Act）。這項至今仍有效的法律揭開了共同
基金的神祕面紗，它要求各家基金詳細描述自己，以便投資人完全
了解基金的作業，以及參與基金得花多少成本。

美國登記的每一檔共同基金（目前超過6,000檔）必須解釋其整體
操作策略，告知投資人風險有多高。它們必須解釋資金將如何投
資，並揭露投資組合的內容，列出最大的持股名稱，和各持有多少
股票。

基金必須揭露管理費，以及管理公司負擔的任何其他費用。基金也
必須報告過去各年度的獲利和虧損，讓所有人知道過去的績效是好
是壞。

除了這些要求基金誠實告知的規定外，基金也必須遵守投資的嚴格
規定。它不能把超過5％的顧客資金投資在單一股票，以避免把太
多雞蛋放在一個籃子裡。

另外，證管會的政府官員持續監督，以使基金因戒慎恐懼而不敢違
反規定。整體來說，基金業十分自律，並與證管會嚴格的監管官員
保持良好關係。

近年來在證管會的支持下，各個基金集團正進行一項極有價值的計
畫。他們正嘗試取消說明書上的官樣文章，減少經常占用許多篇
幅、但投資人從來不看的冗長內容。說明書上刊登這些內容大部分
是應政府要求，但結果卻是浪費時間、混淆投資人，讓他們花更多
錢。印製這些內容的成本是由基金資產支付。

這個新運動的目標是，製作較簡短、明瞭的說明書，讓人們不用讀法律系也能了解。如果運動成功，管理基金的公司和投資基金的持股人都將受益。

經過長期遭到大眾的冷落後，共同基金在1960年代末再度受到歡迎，全美各地的都有兼職或加夜班的老師、店員、職員和各式各樣的人在社區推銷共同基金。但結果令人大失所望，因為數百萬名基金投資人正好趕上1969-1973年的空頭市場，是1929年以後最淒慘的空頭行情。

在這段股票連續下跌的時期，部分共同基金股價重挫75％——這是擁有共同基金股票並非穩賺不賠的又一證明。投資人因虧損而大受衝擊，爭相退出股市，以遠低於買進價格拋售持股，寧可把錢存入儲蓄帳戶，並發誓下次接到基金推銷員的電話將馬上掛斷。

此後將近十年間，股票共同基金遭到投資人唾棄，高品質的基金備受冷落而了無生機，聰明的基金經理人可以找到許多可買的好股票，而且價格十分低廉，但他們沒有錢可以買進股票，因為基金無法吸引顧客投資。

隨著股市在1980年代回春，共同基金業也苦盡甘來，且此後一片欣欣向榮，基金數量達5,655檔， 並持續增加，光過去兩年新設的基金就超過1,300檔。每天都有新基金成立：債券基金、貨幣市場基金和股票基金。如果以這麼快的速度增加，美國的股票基金檔數很快就會超過股票檔數。

現在就買基金

光說明不同種類的股票基金就需要一整本書：全方位基金、單產業基金、多產業基金、小型股、大型股、純粹型、混合型、外國基金、本國基金、社會責任基金、無社會責任基金、成長型、價值型、收益型，以及成長收益型基金等。基金的分類複雜到還有專門購買其他基金股票的「組合基金」（funds of funds）。

你可以日以繼夜研究如何選擇正確的基金，但你可能只看懂公開說明書一半的資訊。如果那些說明書、小冊子和文件全都倒在你身上，可能需要一支救援隊花幾個小時把你救出來。事實上，每年有那麼多精力花在選擇正確的基金上，這已變成一件會讓人發狂的麻煩事。如果能省下尋找完美共同基金的麻煩，人們會更快樂、更放鬆，對狗和小孩更和善，還可以省下大筆的心理醫師帳單。

我們冒著可能加深這種偏執的風險，提出以下幾點建議：

1. 你可以直接向管理基金的公司購買共同基金，例如德瑞弗斯（Dreyfus）、富達（Fidelity）和史卡德（Scudder）。你也可以透過股票經紀商購買基金，雖然經紀商可能無法賣你想要的基金。

2. 經紀商必須賺錢，且有時他們賣自家產品可以獲得更高的佣金。說服你買自家共同基金可能符合他們的利益，但未必符合你的利益。如果經紀人推薦你產品，永遠要弄清楚那對經紀商有什麼好處。要求他（或她）提供所有可得的資訊。也許有一些基金和經紀人推薦的基金類似，但整體來看績效更好。

3. 如果你是長期投資人，別理會債券基金和混合基金（同時投資股票和債券的基金），只買純股票基金。股票在20世紀美國的九十年中，有八十年績效超越債券（債券在1980年代績效以些微差距名列第二，但股票仍然略勝一籌）。在1990年代上半，股票再度大幅領先債券。如果你不100％投資股市，長期來看你將少賺很多錢。

4. 選擇正確的基金不比選擇正確的汽車機師容易，但在選擇基金時，至少有過去的績效指引你。除非你訪問數十名顧客，否則沒有簡單的方法可判斷汽車機師是優秀、拙劣或平庸，但你可以輕易判斷基金符合這些評語的哪一種。這一切歸結都是年報酬率。一檔過去十年每年報酬率18％的基金，比年報酬率14％、目標相似的同類基金傑出。但在你憑著過去的記錄投資一檔基金前，要先確定達成此卓越績效的經理人仍為該基金操盤。

5. 長期來看，投資小公司比大公司的獲利高。今日成功的小公司將變成明日的沃爾瑪、家得寶（Home Depot）和微軟。所以投資小公司（所謂小型股）的基金以大幅差距打敗「大型股」基金也就不足為奇。（大型股指的是「市值」〔market capitalization〕金額較大的公司，也就是公司發行的總股票股數乘以目前的股價。）只要挑中兩家未來的沃爾瑪，就足以讓基金的績效脫穎而出。沃爾瑪的股價在二十年間上漲超過250倍。

由於小型股的波動往往比大型股劇烈，小型股基金的漲跌幅度

會比其他類型的基金更大。但如果你有鐵胃可以承受較大的上下起伏，投資小型股可以給你更高的報酬。

6. 如果能投資已延續好幾季、且交出亮麗績效的老牌基金，何必冒險投資剛成立的新基金？從理財雜誌如《巴隆》（Barron's）和《富比世》可以找到許多連續多年保持頂尖績效的基金。《巴隆》每年兩次公布完整的基金介紹，由理柏分析（Lipper Analytical）提供詳盡分析；理柏分析是一家高品質的研究公司，由著名的基金觀察家理柏（Michael Lipper）經營。《華爾街日報》一年四次刊登類似的報導。

   如果仍需要更多有關特定基金的資訊，可從追蹤數千家基金、並每月公布報告的晨星公司（Morningstar）獲得。晨星為所有這些基金的安全性做排名，評比它們的績效，並提供經理人是誰，和投資組合有哪些股票等資訊，是目前提供投資人所需各種資訊的最佳來源。

7. 經常更換基金划不來。有些投資人養成更換基金的習慣，希望搶搭最新的熱門績優基金。這不但麻煩且沒有價值。研究顯示，名列前茅一年的基金很少在第二年又重複同樣的好表現。嘗試抓住贏家是傻瓜瞎忙的事，結果可能反而找到輸家。你最好是挑選一家長期績效卓越的基金，然後長期守住它。

8. 除了每年向投資人收取管理費外，有些基金也收取申購手續費（entry fee）。申購手續費通常是3％到4％，這表示當你投資收取申購手續費的基金時，你的錢一開始就先損失了3％到4％。

當然也有許多不收申購手續費的基金。平均來看，收取或不收
申購手續費的基金表現一樣好。這就和收服務費的餐廳不一定
服務更好的道理一樣。

你留在一檔基金愈久，是否收取申購手續費就愈不重要。經過
十年或十五年，如果該基金表現不錯，你就會忘記是否曾支付
3％或4％的申購手續費加入它了。

年度管理費比申購手續費更值得注意，因為那是每年從基金扣
除的費用。維持最低水準開支的基金（低於1％），比開支較
高的基金（2％或更高）具有根本的優勢。高成本基金的經理
人在不利的條件下工作，他們每年表現必須比低成本基金多出
0.5％到1.5％，才能交出同樣的績效。

9. 絕大多數基金僱用經理人是希望打敗市場的平均報酬率。這是
   你付錢給經理人的原因——請他們挑選表現會比一般股票好的
   股票。但基金經常未能超越平均績效——有些年度會有超過半
   數的基金績效不如市場平均報酬率，原因之一是績效的計算必
   須減去手續費和管理費。

   部分投資人已放棄挑選超越平均績效的基金，因為那已證明是
   很困難的工作，他們轉而選擇保證不管什麼情況都能與市場績
   效相同的基金。這種基金稱為指數型基金（index fund），它不
   需要經理人，而採自動化的操作。它只是買進特定指數的所有
   股票，然後抱緊它們。

沒有額外的開支、不必支付專家薪水、不花管理費、不需要申購手續費和解約金，也不必做任何決定。例如，一檔標普500指數基金購買標普500指數所有的500種股票。標普500指數是很有名的市場平均指數，所以當你投資這種基金時，永遠可以得到和指數一樣的績效，而以近來基金的表現來看，這類基金表現往往超越許多管理型基金。

或者，如果你決定投資「小型股」基金，以利用小公司潛在報酬較高的優點，你可以買一檔追蹤小型股指數的基金，例如羅素2000指數（Russell 2000）。這樣你的錢將平均投資在羅素指數的2,000種指數。

另一種可能的做法是，把一部分錢放在一檔標普500指數基金，以便從較大型的公司獲利，然後將其餘的錢放在小型股指數，以便從小型公司獲利。如此你就再也不必閱讀任何挑選共同基金的文章了，而且你的成果將超過雖然下了許多研究工夫、買的基金績效卻不如大盤的投資人。

自己挑選股票

如果你有時間和興趣，也可以展開一種刺激的終身冒險：自己挑選股票。這比投資共同基金需要更多努力，但你可以從自己選股獲得莫大的滿足。長期下來，也許你可以獲得超越大部分基金的績效。

你的股票不會全都上漲——從來沒有選股人曾達到100％的成功率。巴菲特曾經犯錯，彼得‧林區的失敗經驗可以寫滿好幾本筆記簿。但你只需要在十年內出現幾檔大贏家就很足夠了。如果你擁有

10檔股票，其中3檔是大贏家，就足以彌補一、二檔虧損和六、七檔表現平平的股票。

如果你一輩子能挑中幾檔飆漲三倍的股票，那麼不管你曾經挑過多少檔賠錢的股票，你就不愁沒錢可花用了。而一旦熟練追蹤公司的發展，你就可以把更多錢投入成功的公司，減少放在虧損公司的投資。

你可能得花一些時間讓你的投資漲三倍，但只要一輩子碰上幾檔漲三倍的股票，就足以建立可觀的財富。試看以下的計算：如果你一開始投資1萬美元，並設法讓它漲三倍5次，你的投資就變成240萬美元；如果你讓它漲三倍10次，你可以賺到5,900萬美元；如果是13次，你就是美國最富有的人了。

事實上，你可以既投資在共同基金，又自己買股票。許多投資人同時這麼做。前面有關共同基金的大多數建議——及早開始投資的優點、要有計畫、堅守計畫、不理會崩盤和修正——也適用於你自己挑選的股票投資組合。你馬上面對兩個問題：我該怎麼挑選股票？我從哪裡找錢買它們？由於在還不知道如何選股前就把錢投入股市很危險，你應該在拿錢冒險前先做一些操練。

你會很驚訝，有這麼多人在完全不懂股票前就冒然投資，並因而虧損許多錢！這種事很普遍。一個一輩子沒有投資經驗的人，突然領到一大筆退休金，於是盲目地把它們全部投入股市，他甚至不知道什麼是股利。這種事應該有正式訓練才對，就像要開車得先到駕訓班上課。我們不會讓沒有在練習場開過車、學會交通規則的人，冒然開車上路。

如果沒有人訓練你，至少你可以訓練自己，在紙上嘗試各種策略，感覺不同類型的股票操作手法。同樣的，年輕人比較占便宜，你有充裕的時間實驗想像的投資，至少可以練習一陣子，因為你未來還有數十年。等到你有錢投資時，你已經準備好真槍實彈上陣了。

你應該聽過夢幻棒球遊戲（fantasy baseball），在遊戲中可以挑戰想像的大聯盟球隊名單，試試你的球隊平均打擊率、全壘打數等表現是多少，與實際球隊或其他夢幻球隊相比又如何？你也可以用夢幻投資組合來訓練投資股票。假設你有一筆資金——也許是10萬美元；或者你資金較雄厚，有100萬美元——可以用來買你喜歡的公司股票。例如你最喜歡的五家公司是迪士尼、耐吉、微軟、班傑瑞（Ben & Jerry's）和百事。你可以把10萬美元分成五份，各投資2萬美元。以1995年4月21日為你的投資起始日，你的夢幻投資名單看起來應該像這樣：

公司	股價（1995/4/21）	2萬美元可買到的股數（四捨五入）
迪士尼	54.75	365
耐 吉	73.125	274
百 事	41.25	485
班傑瑞	12.625	1,584
微 軟	75	267

選好股票並寫下股價後，你可以追蹤獲利和虧損，就好像真的投資一樣。你可以比較自己的假想績效，和你父母真正投資（如果有的話）的績效，或各家共同基金、或你朋友的夢幻投資組合的成果。

美國各地的學校已把假想的選股帶進教室，採用經濟教育證券業基金會（Securities Industry Foundation for Economic Education）贊助和推廣的「股市遊戲」（Stock Market Game）。在1994-1995學年，有超過60萬名學生玩過這套遊戲。

他們分成數個隊伍，每隊必須決定用假想的資金買哪些股票。遊戲從開始到結束約花10週時間，結果都逐一記錄，到期末股票上漲最多的隊伍贏得遊戲。各校獲勝的隊伍再與來自地方、各郡、區域或各州的贏家競賽。

玩股市遊戲可以寓教於樂，只要教導遊戲者投資的基本原則，並且對比賽結果不要太認真。這種訓練的問題是，在短短13週、26週甚至一年期間，股價的漲跌大體上是碰運氣。練習的期間不夠長，不足以給你真正的測驗。一檔股票可能在13週後是輸家，但三年或五年後卻是大贏家。或者它可能在13週後是贏家，但長期下來卻是輸家。

長期表現良好的股票屬於長期表現良好的公司。成功的投資關鍵在於找到成功的公司。要從你的訓練學到最多東西，你必須不只是追蹤股票的價格，還要儘可能認識你選擇的公司，了解它們成功的原因。

這帶領我們來到人們用來選股的五種基本方法。以下是各種方法的概述，從最荒唐的方法開始，到最進步的方法結束。

一、擲飛鏢

最低層次的選股方法是對一張股票的名單丟飛鏢，射中哪一家就買那檔股票。或者你閉上眼睛，以手指代替飛鏢來點選。也許你運氣好，正好點到表現好的股票——但你也可能點錯。

擲飛鏢方法最大的好處只能說不用費太多功夫。如果你傾向於隨機挑選股票，倒不如連這點麻煩都省下來吧，直接投資共同基金更好。

二、聽明牌

第二種低層次的選股是，有人告訴你買一檔一定會漲的股票。那個人可能是你的好朋友、你的英文老師、你的哈利叔叔、水管工人、汽車機工或園丁。或者你無意中在巴士上聽到的消息。不知道為什麼，偷聽來的消息讓人更興奮，好像那是註定的好事。

很可能哈利叔叔與某家公司有直接關係，他說的話不是空穴來風。這種有根據的消息可能有用——值得進一步調查。但危險的是沒有根據、只是道聽塗說的明牌。以下是典型的例子：「家庭購物網路，識貨的人正在搶進這檔股票，趕快買，晚了就買不到了。看樣子這是一檔飆股。」

買一台50美元的烤麵包機都會貨比三家問價錢的人，會輕易為了「家庭購物網路」這種明牌投入數千美元。他們會這麼做是因為如果忽視這則明牌，讓家庭購物網路飆漲四倍，他們將無法承受錯失良機的「損失」。事實上是，如果他們沒買家庭購物網路而它漲了

四倍，他們也不會損失一毛錢。

未擁有的股票絕不會讓人虧損，只有當買了家庭購物網路、而它下跌、且以低於買進的價格賣出時，人們才會虧損。

三、專家意見

你從電視或報章雜誌引述的專家得到買賣股票的消息。基金經理人、投資顧問和其他華爾街大師也發表源源不斷的專家意見，你不是唯一聽到這些意見的人，數百萬名讀者和觀眾，都和你聽到一樣的見解。

儘管如此，如果你無法抗拒聽消息買股票，寧可聽專家意見，也不要理會哈利叔叔的明牌。相對於哈利叔叔根本不明究裡，就得出「看樣子這是一檔飆股」的結論，專家很可能已經做了很多研究才得出看法。

專家意見的問題是，你沒有辦法知道專家什麼時候會改變看法——除非他又上電視告訴觀眾，而你剛好看到節目。否則你還會抱著股票不放，因為你認為專家喜歡它，雖然他已經改變主意了。

四、證券經紀商的買進名單

「綜合型」的證券經紀商向來樂於推薦你該買哪些股票，通常這些股票不是來自經紀人的研究，而是在總公司幕後工作的分析師。這些訓練精良的分析師專門探究公司或企業集團的營運狀況，他們根據挖掘出來的證據發出買進和賣出股票的訊號。

證券經紀商蒐集旗下分析師的買進訊號，列成名單，寄給所有經紀人，包括你的經紀人——如果你有的話。通常這份買進名單經過分門別類：適合保守型投資的股票、適合積極型投資的股票，以及發放股利的股票等。

你可以和經紀人一起從買進名單中挑選股票，建立一個極佳的投資組合。如此你就可以借助證券商的研究，同時能夠選擇你最喜歡的「買進」股票。比之仰賴專家意見，這有一個大優點：如果證券商改變主意，把你的股票從買進名單移到賣出名單，你的經紀人會告訴你。如果他不告訴你，就把這個經紀人列入你的賣出名單吧。

五、自己做研究

這是最高層次的選股。你選擇股票是因為你喜歡這家公司，而你喜歡這家公司是因為你徹底研究過它。也許你在挑選夢幻投資組合的五家最愛公司時已經做過研究，例如前面列出的迪士尼、耐吉、班傑瑞、百事和微軟。

你愈研究如何投資公司，就愈不必依賴其他人的意見，也愈能評估別人提供的明牌。你可以自己決定該買什麼股票，及何時買進。

你將需要兩種資訊：靠你深入觀察獲得的資訊，以及靠你研究數字獲得的資訊。第一種資訊可以從每次你走進麥當勞、太陽眼鏡屋（Sunglass Hut International）或任何上市公司擁有的商店就開始蒐集。如果你正好在這類商店工作最好。

你可以自己觀察營運是否有效率或很笨拙，人手過多或不足，組織條理分明或亂成一團。你可以評估員工的士氣是高或低，也可以感覺管理團隊花錢沒有節制或很謹慎。

你也可以觀察商店的顧客，他們是否在收銀櫃檯前大排長龍，或人氣空虛？他們對商品很滿意，或經常抱怨？這些細節可以告訴你許多攸關公司本身品質的訊息。你看過亂糟糟的蓋普（Gap）和門可羅雀的麥當勞嗎？任何蓋普或麥當勞連鎖店的員工都可以看出自家公司的營運有多成功，並根據觀察把閒錢投資在公司。

一家商店不必等到倒閉就可能流失顧客，只要有其他商店提供更好的商品和服務、賣同樣或更低的價格，顧客就會流失。員工是最早知道競爭者搶走顧客的人，沒有人能阻擋他們投資競爭者。

即使你不是上市公司的員工，從顧客的角度也可看出端倪。每次你光顧一家商店、吃漢堡或買新太陽眼鏡時，都可獲得寶貴的訊息。藉由四處瀏覽，你可以看到哪些東西暢銷、哪些賣不出去。藉由觀察你的朋友，你知道他們買哪種電腦、喝什麼品牌的汽水、看什麼電影、銳跑鞋是否流行。這些都是可引導你正確選股的重要線索。

你會很驚訝有多少人毫不在意這些線索。數百萬人在各行各業工作，每天接觸潛在的投資對象，卻從未利用第一手觀察的好機會。醫生知道哪家藥廠生產最好的藥，但他們不常買股票。銀行家知道哪家銀行最強健，但他們不一定買銀行股。商店經理人和商場的管理員可以看到每月銷售數字，所以他們知道哪些零售商賣出最多商品。但有多少商場經理藉投資特殊零售股來多賺點錢？

一旦你開始透過選股人的眼光看世界、尋找潛在的投資，你將開始注意你感興趣的公司跟哪些公司打交道。如果你在醫院工作，你將接觸製造縫合線、外科手術衣、注射器、床與床墊、X光設備、心電圖機的公司；幫助醫院降低成本的公司；承保醫療保險的公司；處理帳務的公司。雜貨店是另一個觀察公司的好地方，每一條貨架通道都可找到數十家公司。

你也開始注意到競爭者的表現是否超越僱用你的公司。當人們排隊買克萊斯勒廂形車時，知道克萊斯勒的獲利即將創新高的不只是克萊斯勒的銷售員，下個街區的別克（Buick）業務代表也知道，因為當他們坐在空蕩的展示間時，發現許多別克的顧客已轉投克萊斯勒的懷抱。

接下來讓我們看數字。一家公司製造受歡迎的產品，不表示你應該自動買它的股票，你還必須知道更多才能決定是否投資。你必須知道這家公司是否花錢明智，或者隨便浪費。你必須知道它欠銀行多少錢，過去幾年來它賺多少錢，未來預期能賺多少。你必須知道股票的價格是否合理、便宜，或者太貴。

你必須知道這家公司是否發放股利，如果是，股利多少，以及多久提高股利一次。盈餘、銷售、債務、股利、股價——這些是選股人必須追蹤的一些重要數字。

人們進研究所學習如何閱讀和詮釋這些數字，所以這主題不是這本入門書所能深入討論的。我們能做的最大程度是，讓你概括了解公司財務的基本成分，以便你開始知道如何拼湊這些數字。你將在附錄〈解讀數字——如何看懂資產負債表〉中找到這些資訊。

投資人不可能追蹤在美國主要交易所掛牌的所有公司，因此不管是業餘或專業投資人都必須縮小選擇，只專注在少數種類的公司。例如，有些投資人只買會經常提高股利的公司股票，有些人則專找盈餘每年成長至少20％的公司。

你可以專攻某個產業，例如電氣設備或餐廳或銀行。你可以專精在小公司或大公司、新公司或舊公司。你可以專攻在艱困時期沒落、並嘗試東山再起的公司（這類公司稱作「轉機」〔turnaround〕公司），專攻的方法則有百百種。

投資並非精確的科學，不管多努力研究數字、了解公司過去的績效，你永遠無法確定它未來的表現。明日會發生的事永遠只是揣測，投資人的職責是做有根據的揣測而不盲目。你的工作是挑選股票，並且不以過高的價格買進，然後密切注意公司發布的利多或利空消息。你可以運用知識把風險降到最低。

真正擁有股票

你可以每天玩股市遊戲，但真正擁有股票的刺激沒有任何事能取代。人們記得買第一檔股票就像記得初吻一樣。不管以後你會擁有幾十檔股票，你永遠忘不了初次擁有的股票。

在這時，如果有任何事阻止你，那一定是錢。年輕人有時間投資，但不一定有錢。那牽涉的不只是有閒錢可投入股市，而是你可以生活無虞地挪出可以投入許多年的錢，以便讓錢增值。如果你有兼職工作，有能力投資部分薪水在股票最好。如果不是，你可能得找個

好時機向家人開口了。

這是父母、祖父母、姨嬸和叔舅可以扮演重要角色的地方。年輕人投資資金的最大來源是親人。當他們問你想要什麼生日禮物、耶誕禮物、光明節禮物等等時，告訴他們你要股票。讓他們知道如果可以選擇擁有一雙新耐吉鞋或一張耐吉股票（價值約等於一雙鞋）時，你寧可擁有股票。

這保證會出乎多數大人的意料，他們會對你的有遠見和成熟感到驚訝。如果他們自己也擁有股票，他們可以轉移一股或許多股給你，助你踏上投資之路。辦理手續很簡單，不必支付手續費或佣金。每個世代都有許多年輕人以這種方式展開投資，藉由長輩送給他們第一張股票。

有些祖父母定期送給孫兒女股票。但也有許多祖父母以儲蓄債券取代股票。如果你有這種祖父母，應該告訴他們，送績優公司的股票會更好，原因是我們前面討論過的，股票有許多凌駕債券的優點。

雖然有父母或祖父母定期送給少量股票，年輕人仍很難自己購買少量股票。事實上，直到不久前，年輕投資人仍不被鼓勵買股票，因為有兩個障礙：第一，大多數股票交易由證券經紀商處理，必須滿21歲才能在經紀商開戶；第二，大多數經紀商收取額外佣金，25美元到40美元不等。如果你買一股47美元的百事股票，必須支付經紀商40美元佣金，幾乎和股票的價格一樣。成功的投資人不可能花87美元買47美元的股票。

這種不利投資的情況正在改變，因為公司已開始繞過經紀商，直接

出售少量股票給大眾。畢竟，如果麥當勞可以賣給你漢堡，為什麼不能賣給你它的股票？

已經有80家公司採取所謂的直接投資計畫，讓個人可直接購買少量股票，並支付遠低於經紀商佣金的手續費，甚至完全無需支付。這是華爾街從1960年代邀請披頭四（Beatles）到交易大廳以來，對年輕人最大的貢獻了。根據帶頭提倡直接投資計畫的第一芝加哥信託公司副總裁弗爾普（Jim Volpe），至少還有850家公司已表示有意加入直接售股給大眾的行列，且持續增加中。相關的法律阻礙已被剷平。

你可能無法透過直接投資計畫只買一股股票，因為大部分公司要求最低購買250美元到1,000美元，視不同公司而定，所以你必須把錢存起來，直到你有250美元或達到要求的金額。但想到直接投資計畫遠為低廉的佣金，這只是個小缺點而已。

最棒的是，一旦你初次購買後，你隨時可以直接向這家公司購買股票，不用支付分文佣金。且每當這家公司發放股利時，你的股利會透過股利再投資計畫自動轉換成更多股票。在大部分情況下，你直接與公司的股權轉移代理商打交道，不涉及股票經紀商。

繼續注意這個令人振奮的新計畫，它將讓數百萬名原本被阻隔在股市外的人變成股票投資人。

如果你仍想一次買一股股票，有一套計畫可以讓你這麼做。但你的家庭必須先加入全國投資人協會（National Association of Investors Corporation, NAIC），此協會是美國各地數百個投資俱樂部的支援

團體。

截至1996年1月，加入協會的年費為35美元。個人會員或家庭每年支付14美元後，立即自動訂閱一份稱為《卓越投資》（*Better Investing*）的月刊，裡面有各種協助你成為更佳選股人的有用資訊。這些資訊大多適合有經驗的投資人，但有些也適合新手，可讓你獲益良多。除了月刊，你也有機會購買151家公司中任一家的一股到十股股票，每筆交易只需支付7美元的手續費。

這個「買一股股票計畫」是專為兒童所設計，雖然它還有年齡限制問題。各州的規定不盡相同，但你可能必須滿18歲或21歲才能自己購買股票。否則需要父母之一或監護人代理你買股——他們之一必須加入俱樂部成為會員。

這個計畫運作的方式如下：NAIC提供你可以買的151家公司名單，你決定想買哪一檔股票，弄清楚每股的價格，然後把買進的清單寄給NAIC，連同你買股票金額的支票，再加上10美元的股價「波動」。舉例來說，如果麥當勞目前的股價是40美元，你得寄出57美元。

為什麼額外加上10美元？如果股價在你寄出信件到處理買單之間上漲，多餘的錢將用於彌補差額。不管如何，10美元不會被浪費。不管你買了第一股股票後還剩下多少錢，將用來買另一股的一部分。所以最後你可能買到1 $^1/_{16}$ 股，或1 $^1/_8$ 股，或1 $^1/_4$ 股。

這時候NAIC不參與其中，你是直接與溫蒂或麥當勞、或任何你買股公司的代表（股權轉移代理商）交涉。由於NAIC名單上的公司

都有股利再投資計畫，只要公司支付股利，你就會額外獲得一小部分股票。你也可以隨時購買更多股股票，只支付極少的手續費，甚至免手續費。

如果你決定出售持股，可以透過股票經紀商出售（同樣的，高佣金可能使你拒絕這個選項），或以書面通知公司的代理商，他們將在第二天預定的時間、以當時的價格賣出股票。你要等股票賣出後才知道價格是多少。

只要你已經不厭其煩加入NAIC，應該沒有什麼事會阻止你加入它的投資俱樂部。NAIC的會員俱樂部遍布美國各都市、城鎮和學校，甚至某些監獄也有。

參與投資俱樂部就像加入股市遊戲的隊伍，差別是如果加入俱樂部，你投資的是真正的錢。大多數俱樂部一個月在會員家裡聚會一次，擬訂最新的選股構想。會員以多數決投票決定買賣哪些股票。

每個會員同意每月投資固定的金額，可能是50美元或100美元──由多數票決定。結果證明，大多數人在俱樂部裡的投資績效比自己投資好。這是因為俱樂部讓他們更有紀律，他們不能在驚慌中賣股，團體裡較冷靜的人會投票反對。如果不能說服團體某股票值得買進，就不能買股票。這會強迫會員做功課。如果有人說：「我建議買迪士尼，因為我在市場聽到有人報明牌。」他會引來眾人的嘲笑。

要成為投資俱樂部的會員，你至少要18歲，這一點我們已經說過，但即使你還未滿18歲，也可以參加聚會、推薦股票，在討論中發表

意見。如果已超過法定年齡的俱樂部會員願意當你的監護人，你就可以透過監護人的帳戶投資你自己的錢。

在證券交易所買股票

如果有人要你列出美國不能缺少一、兩個月的五個機構，你會怎麼回答？軍隊？警察？國會？法院？電力公司？自來水事業？醫院？閉眼想一分鐘，列出你的五個選擇，先別看下一段。

你是否把股市或債市列入清單？大多數人不會列入。當我們思考給我們食物、汽油、住所、通訊、阻止盜賊上門的基本服務時，不會馬上想到華爾街。但事實是，金融市場對所有人的生活都極其重要，而不只對債券和股票持有人如此。白宮可以放假一個月，世界仍會照常運轉，但若沒有股市或債市，整個經濟體系將停頓。

如果沒有市場、沒有買家，必須出售股票籌措現金的公司或個人將周轉不靈。已經背負5兆美元債務的美國政府，將無法像平日那樣出售債券以支應其開銷。它將只有兩種選擇，而且都不是好選擇：一種是印製大量新鈔，讓美元貶值，並使物價一飛沖天；另一種則是停止償還債務，使數百萬名美國人失去主要收入來源。公司將破產，銀行也可能倒閉。失控的民眾衝到最近的銀行搶救他們的錢，卻發現銀行已經沒錢可領。商店將關門、工廠停工，數百萬人將失業。他們將遊蕩街頭，尋找垃圾箱裡吃剩的披薩餅。我們所知的文明將很快結束，只因為金融市場關閉。因此這些市場的重要性遠超過我們的認知，沒有它們，我們無法長久生存。

經紀人的角色

假設你有足夠的資金購買股票，所以適合遵循正規的買股票途徑——透過經紀人。如果你對投資很認真，你終究會來到這個階段。經紀人是你進入股市的管道，他們是今日世界不可或缺的角色。

由於你無法自己走進股市買賣股票，必須透過證券經紀公司的經紀人才能辦到。你已經聽過這些名字：美林（Merrill Lynch）、美邦（Smith Barney）、嘉信理財（Sharles Schwab）等。

像這些證券經紀商嘗試給人歷史悠久、相當穩定的印象，事實上它們經常合併和改變名稱。這是一個變遷迅速、業者經常合縱連橫、不適者難以生存的行業。

主要證券商都交易股票、債券、共同基金，且必須遵守政府制訂的規範。除此之外，它們彼此有著懸殊的差異。所謂的全方位服務證券商如美林或美邦，收取的手續費高於「折扣經紀商」如嘉信。近來還有「大折扣經紀商」，提供的服務更少。

你支付全方位服務證券商較高的費用，讓你有權利用該券商的諮詢。大致說來，折扣證券商不提供諮詢，他們只根據你的指示買賣股票。

這時候你得做另一個決定。除了挑選你的第一檔股票，你還要善加挑選經紀人。最好的方法是和你附近地區的幾個經紀人談過——尤其是你朋友或親戚推薦的經紀人。如果你不喜歡談過的第一個經紀

人，附近還有很多人選可挑。有些經紀人經驗很豐富，對投資股票懂很多，有些則剛從短期訓練課程結業，對市場瞭解很少。和經紀人保持良好關係是投資樂趣的一部分。

解決了證券經紀商和經紀人的問題後，下一步是開帳戶。這帶我們碰上另一個障礙：除非你已經21歲，否則你不能擁有自己的帳戶。在大多數州，投資年齡和喝酒年齡一樣。你16歲就可以開車，16歲也可以從軍，但除非你達到「法定成人年齡」，否則不能和經紀人做生意。

你可以繞過「法定成人年齡」問題，方法是和父母之一或監護人一起開帳戶。這就像擁有限制性駕照，你可以控制汽車，但乘客座得坐一個大人來為你加油，或者在你偏離車道時對你大叫。

假設你已經開了監護人帳戶，簽了必要的文件，把你想投資的金額交給經紀人，並告訴經紀人你對迪士尼感興趣。全方位服務的經紀人會在專用電腦上鍵入迪士尼，讀有關這家公司的最新消息給你聽。

他或她也會給你公司內部專家或分析師準備的迪士尼研究報告，如果這些分析師真正下了功夫，這會是很寶貴的資訊來源。

有可能分析師當時不喜歡迪士尼，認為它價格太高、或主題公園的遊客太少會影響公司獲利。也可能你的經紀人會想說服你買證券商偏愛的其他股票。

但如果你自己已用心研究過，認為迪士尼是買進的好對象，那麼你

不妨堅持買進它，畢竟，你花的是自己的錢。

下一個要考慮的是，你想用什麼價格買迪士尼。同樣的，你得做選擇。你可以用「市價」買一檔股票，也就是你的買單傳到華爾街當時的任何價格。或者你可以用所謂「限價」的特定價格買進股票，希望有人接受你開的價格賣出。以限價委託買股的風險是：你以特定價格等候買進股票，但無法確定能不能買到。

假設你的經紀人查過電腦後，告訴你迪士尼的股價是每股50美元，你決定以「市價」買進，經紀人把你的買單透過電腦傳到紐約證交所。

紐約證交所是全世界最古老、最知名的證券交易所，位於華爾街附近的布羅德街（Broad Street）82號一座漂亮的建築，正面有希臘圓柱，是一棟讓你聯想到法院或郵政局的建築。美國還有其他證券交易所，但紐約證交所是迪士尼「掛牌」的地方——意思是迪士尼股票在這裡買賣。

如果你偶爾到紐約市，閒來無事可以到紐約證交所參觀。一進紐約證交所就先來到一個房間，裡面陳列許多照片和展示櫃，你按鈕就可以看到這個股票交易所如何在1790年從一棵樹下開始的故事。你將聽到一些最早的投機客和馬匹交易商站在戶外的樹下，買賣馬匹、小麥、糖和各式各樣的東西，嘈雜的拍賣不間斷地進行。美國獨立戰爭後，這些交易商獲得機會拍賣政府償付戰爭經費的借據（IOU），這就是美國的市場首度出售的金融商品。

後來華爾街築起一道圍牆以抵擋入侵者，這就是「牆街」（Wall

Street）的由來。樹下的交易商都很能吃苦耐勞，但漸漸地他們厭倦於站在大雨和風雪中，所以移到附近的咖啡館或至少有屋頂可遮蔽的地方。隨著生意逐漸興旺，他們租下附近地下室和閣樓的空間，直到找到一個長期租賃的地點。到1864年，他們蓋了一棟建築，從此成了紐約證交所的家，離當年那棵樹所在的位置不超過擲飛盤能及的距離。

走過那些照片和展示櫃時，你也聽完導遊做完簡短的介紹，現在可以參觀訪客走廊，那裡是最有趣的的部分。你從一片巨大的觀看窗看出去，可以鳥瞰100呎下的交易大廳，所有的交易都在那裡進行。交易廳看起來有一座足球場那麼長，忙亂和嘈雜的程度就像比賽正在進行的體育場。

股票交易所裡的人穿著球鞋和多種顏色的工作服，那是他們的制服；有數百人忙進忙出，揮舞手臂，叫嚷著吸引彼此的注意，而不到處走動的人則聚集在大廳各處稱作「站」（post）的地方。每一個交易站有一部掛在頭頂上的電視機，由錯綜複雜的支架和管線支撐著，電視螢幕上顯示超過2,500家公司的股票交易情況。

你可以從訪客參觀區看到迪士尼的交易站，如果你搭電梯下樓，設法避開安全警衛，就可以很快來到交易大廳，擠進人群中，親自購買一股迪士尼股票。不過，實際運作的方式不是這樣，你的買賣單必須透過經紀商傳到這些穿著工作服的交易員，由他們進行買賣，有時候他們也為自己交易，但大多是為像你這樣、從世界各地把買賣單傳進來的顧客。

交易站的例行工作數十年來未曾改變，你可以把它想成一場不停止

的拍賣，同樣的產品持續在這裡買和賣。在此處的例子裡，產品就是迪士尼股票。

假設迪士尼交易站的交易員喊出「49.875賣1,000」，這表示他的顧客想以每股49.875美元賣1,000股迪士尼。如果交易站的另一名交易員有顧客想以49.875美元買進1,000股，兩名交易員就達成交易。但情況不見得這麼順利，也許在當時沒有人想支付這個價格，因此想賣迪士尼股的交易員必須降價到49.75美元或49.5美元，直到他能吸引買家為止。

或者可能有買家想以49.875美元買進，但沒有人想以那個價格賣出。在這種情況下，買家必須提高買價到50美元或50.125美元，直到買價高到足以吸引賣家。

交易就這樣持續進行，從上午9時30分開盤直到下午4時收盤，股票每分鐘都隨著拍賣持續進行而上下跳動。一名稱為專業會員（specialist）的人，站在繁忙的交易站中央，聽著交易員喊進和喊出的價格，觀察手勢，撮合買家和賣家，並記錄每一筆交易。

目前紐約證交所每天買賣的迪士尼股超過100萬股，其他2,600家上市公司交易的股數則超過3.38億股。你可能好奇，光靠一個站在交易站的迪士尼專業會員，怎麼可能處理如此大量的交易。答案是，他確實力有不逮。

雖然大多數投資人不知道，但85%的買賣單是透過電腦傳到專業會員的交易站。電腦處理交易所和非交易所的交易數量愈來愈龐大，華爾街投資業者的交易部都透過電腦，直接與其他業者的交易部交

易。當你從訪客走廊往下看交易廳時，你所見多彩多姿的交易景象正快速變成歷史陳跡。

有了完善的電腦網路後，你就不需要數百人穿著運動鞋跑來跑去，喊到喉嚨沙啞了。所有股票的買賣都可以在電腦螢幕上進行，而且絕大多數已經如此。

紐約證交所有一套供小額交易的特別撮合系統，可處理類似你的交易。你購買迪士尼的買單直接被傳到紐約證交所的電腦，它會自動與來自別處的賣單撮合。

股票交易完全匿名，不像你在跳蚤市場或車庫拍賣，在股票市場你永遠不會與另一方面對面。也許這樣最好，因為你不必坐在那裡聽迪士尼股的賣家告訴你為什麼要賣股票，就像你買二手車時聽鄰居談他為什麼要賣車。

交易對手賣出你買進的股票可能有許多原因，也許他需要錢支付大學學費，或重新裝潢住家，或去度假。也許他不喜歡最新的迪士尼電影，對於公司前景他不如你樂觀。也可能他發現另一檔更想擁有的股票。但不管他賣出的動機如何，那應該不干你的事。如果你已經做過研究，你知道自己為什麼要買。

等電腦撮合你和賣家的交易後，成交的消息將從交易系統電視螢幕下方的電子跑馬燈上跑過。你看過那些不斷從跑馬燈跑過的數字嗎？每一個數字都是一筆真正的股票交易記錄。例如「迪士尼，50，$50」代表50股迪士尼股票剛以每股50美元賣出。所以如果你以50美元的價格買進50股迪士尼股票，全世界都會看到它，因為你

的「迪士尼，50，$50」記錄，就會在證券商和投資公司的電視螢幕電子跑馬燈上跑過，不管是在波士頓或北京的公司都一樣。

為康寶濃湯（Campbell's Soup，另一家很棒的上市公司）畫罐子的著名畫家沃荷（Andy Warhol）曾說，我們周遭圍繞這麼多媒體，每個人都應該出名15分鐘。沃荷只是在開玩笑，但每筆50股以上的股票交易都可以在全世界出名五秒鐘。

其他交易股票的地方

一百年前，美國有許多證券交易所，其中包括兩家最大的，紐約證券交易所和美國證券交易所。當時密爾瓦基有一家、舊金山、費城、第蒙（Des Moines）和達拉斯也各有一家。股票迷可以利用休假時到全國各地的交易所參觀交易盛況，就像棒球迷到不同的球場觀賞比賽一樣。但小交易所逐漸喪失重要性，大多數悄悄關門。

今日的兩大交易所是紐約證交所和那斯達克股市（Nasdaq）。Nasdaq這個縮寫代表「證券自營商全國協會自動報價系統」（National Association of Securities Dealers Automated Quotations System），你可以考倒許多人——Nasdaq代表什麼？——因為連華爾街的許多專業人士也答不出來。就因為很繞口，所以從沒有人說全名。

在過去，規模太小、無法在一般證券交易所上市的公司，就會在鄰近的股票行出售它們的股票，交易就在櫃檯的兩邊進行。底特律的買家可能為同一天買的同樣股票，支付比在聖東尼奧貴10%到20%的價格，只因為人們沒有最新的行情收報機可以追蹤最新的價格。

櫃檯市場是當時賭徒和狂熱投機客的最愛，但一般的投資人會聰明地避而遠之。

櫃檯市場的經理人最早看出，電腦可以為股票交易帶來革命性的變革，他們發現股票交易不需要像紐約證交所那麼龐大的交易廳，也不需要漂亮的建築，或幾百個穿著工作服的交易員忙進忙出，揮舞著手臂叫賣。他們需要的只是幾部電腦終端機，和足夠的人坐在終端機前在螢幕上進行交易。普列斯托（Presto）、那斯達克都有自己的電子交易廳，就技術上來說，那不是交易廳，而是電腦網路。

當你想買一家在那斯達克交易的公司股票，例如微軟，你的經紀人會把你的買單傳進那斯達克電腦系統，那裡把所有想買進或賣出微軟股票的買賣單都列在螢幕上。那斯達克的「造市者」（market maker）便坐在自己辦公室的終端機前撮合交易，他們可能身在美國的任何地方。

紐約證交所的專業會員必須站在他的交易站整天，腳可能站到抽筋，而那斯達克的造市者可以坐在舒服的椅子上工作。紐約證交所的專業會員扮演撮合者的角色，那斯達克的造市者則充當每一筆股票交易的中間人。他向賣家買進股票，並立即以略高的價格賣出股票給買家。價格的差距就是他的利潤，稱作「價差」（spread）。

在那斯達克創立以來的二十五年間，它的系統成長十分迅速，今日已是紐約證交所最大的對手，也是美國第二忙碌的股市。許多名不見經傳的小公司在1970年代和1980年代從那斯達克發跡——微軟、蘋果、MCI、英特爾等——今日已變成僱用數萬名員工、每年銷售數百億美元產品、揚名全世界的企業巨人。他們還在那斯達克交

易。

閱讀證券版新聞*

買進迪士尼股票後的第二天，你匆匆打開報紙的商業版面，想知道它的股價是多少。這是每個持股人每天早上做的事，也是他們洗臉刷牙、穿上衣服並為自己倒上一杯咖啡後做的第一件重要的事。

要分辨誰是投資人的方法之一是，看他們怎麼看報紙。投資人不像其他讀者先看漫畫、或運動新聞、或安·蘭德斯（Ann Landers）的專欄。他們會馬上打開商業版，搜尋股價行情表，看他們持有之股票昨日的收盤價。

他們的心情可能在幾秒鐘內轉變，全看他們看到的結果是什麼。也許你已經在自己家裡看過這些。你坐在早餐桌前，你父親正在瀏覽股票行情表（通常是父親做這件事，但愈來愈多女性也對這感興趣）。如果他臉色變難看，並且第無數次告訴你別忘了關浴室的燈以免浪費電，你大概可以猜中他的股票下跌了。另一方面，如果他開始哼《向統帥致敬》（Hail to the Chief），並提議增加你的零用錢，或者說他會付錢僱大禮車送你參加學校舉辦的舞會，你可以篤定他的股票上漲了。

在股票交易所開張的營業時間，股票以極快的速度換手，價格每一分鐘都在上漲或下跌。但在下午4時收盤時，交易停止，每一檔股

---

*譯註：在本書其他章節表示股價時，都以小數點表示；在本節解釋行情表時，則依過去的行情表八進位分數來表示股價，例如62又八分之七美元，以62 7/8美元表示。

票進行完當天最後一筆交易。最後交易的價格就叫作收盤價，也就是第二天早上報紙刊登的價格。當投資人打開商業版尋找行情表上的數字時，他們找的就是這個價格，它呈現類似以下的格式：

365日 高一低	股票	股利	收益率 （％）	本益比	成交 股數	高	低	收盤	漲跌
$62\frac{7}{8}$ $37\frac{3}{4}$	迪士尼	0.36	0.625	23	11,090	$57\frac{3}{4}$	$56\frac{3}{4}$	$57\frac{5}{8}$	$+\frac{1}{4}$

許多資訊包含在這個小空間裡，股票名稱迪士尼出現在左邊第二欄，第一欄「365日高一低」有兩個數字，$62\frac{7}{8}$ 和 $37\frac{3}{4}$，代表美元價格，一個是在過去12個月裡有人買賣迪士尼股票的最高價格，另一個則是最低價格。同樣一檔股票交易價格的區間可能很大。

事實上，紐約證交所任何一年的平均股價上下波動大約是57％，更具體地說，每三檔在紐約證交所交易的股票就有一檔一年的價格漲跌為50％到100％，而有8％的股票漲跌超過100％。一檔股票可能在年初賣出為12美元，在樂觀的期間漲到16美元，並在悲觀期間跌到8美元。顯然有一些投資人在同一年買到同一家公司的價格，比其他人買到的便宜很多。

你也會注意到股價是以分數報價，而不是常見的小數，因此37.75美元是以 $37\frac{3}{4}$ 美元呈現。這種舊式的數字源自西班牙人以八進位計算錢——這也是為什麼海盜電影的鸚鵡總是聒噪著說「八里爾銀幣」（pieces of eight，即每一枚值八里爾的銀幣）。

華爾街保留了這種八進位計算法，所以你不會聽到某一檔股票今天「漲了10美分」，而會聽到漲「$\frac{1}{8}$點」；你也不會聽到人們說「漲

25美分」，而是說「漲$\frac{1}{4}$點」。一點在華爾街等於一美元。*

從右邊的「高」、「低」、「收盤」和「漲跌」欄，可以概略看到昨日交易的情況。以這個例子來說，就是在這個特定的交易日，買賣迪士尼股的最高價是57$\frac{3}{4}$美元，最低價是56$\frac{3}{4}$美元，當日最後交易的價格是57$\frac{5}{8}$美元，也就是每個人在報紙上尋找的收盤價，而它比前一個交易日的收盤價上漲$\frac{1}{4}$美元。

緊鄰「股票」欄右邊的是「股利」。股利是一家公司回報買股投資人的方法之一。部分公司發放高股利，部分公司發放很少的股利，有些則完全不發放。本書後面章節還有談到更多有關股利的主題。

這裡顯示的數字0.36代表「36美分」，是目前迪士尼的年股利——你擁有的每一股可獲得36美分。

再右邊一欄為「收益率％」，這是有關股利的額外資訊，讓你可以拿來與儲蓄帳戶或債券的收益率做比較。這裡是拿迪士尼發放的36美分年股利，除以收盤價（57.625美元），結果是0.625％——如果你以目前的價格投資迪士尼，你可以從股利獲得的報酬率。

0.625％是很低的報酬率，相較之下儲蓄帳戶目前的報酬率為3％。所以迪士尼不是一檔你只為了股利而買的股票。

在「收益率％」右邊的一欄是「本益比」（P/E）。本益比是「價

---

*譯註：華爾街的股價報價方式從2000年底已改為十進位。

格—盈餘比率」（price-earnings ratio）的縮寫，把股價除以公司的年盈餘就得到這個數字。但你不必自己計算，因為本益比可以從每日的報紙上查到。

當人們考慮是否購買特定公司的股票時，本益比幫助他們判斷股價是便宜或昂貴。每個產業的本益比差異很大，甚至每家公司的標準也不同，因此利用這個工具最簡單的方法是，比較公司目前的本益比和過去的紀錄。

在今日的市場，股票的平均本益比約16倍，而迪士尼的本益比是23倍，比一般股票略高。但因為迪士尼過去十五年的本益比從12倍到40倍上下起伏，所以目前23倍就過去紀錄來看算很正常。迪士尼比一般股票昂貴，是因為該公司的績效向來很好。

最後的「成交股數」是昨日在證交所盤中買賣的股數。這個數字要乘以100，所以11,090代表成交的迪士尼有約110萬股。知道這個數字不是很重要，但你可以了解股市的交易有多活絡。

如果把三大主要股市（紐約證交所、美國證交所和那斯達克股市）的成交量加起來，每日的總交易股數達5億股。

拜家用電腦和電子行情系統所賜，人們不必等明日的報紙就能查到股票價格。他們可以看電視上的行情，或從電腦得知一天的行情，甚至有透過衛星傳送資訊的行動式行情接收器，可隨時隨地查閱行情——在泛舟之旅、在遊輪上，或登山探險時。

但這些科技都有一個缺點：它們會讓你過度專注於每日的漲跌。讓

情緒隨股價上下起伏是一件極耗損精神的事，對你沒有任何好處。如果你是長期投資人，不管迪士尼今天、明天或下個月的上漲、下跌或保持平盤，都不值得操心。

擁有股票的額外好處

股票十分民主，它們沒有偏見，不在乎屬於誰，不管是黑人或白人、男人或女人、外國人或本國人、聖人或罪人都一視同仁。它不像講究氣派的鄉村俱樂部，你得通過入會委員會審核才能加入。如果你想買股票、成為你中意的上市公司的股東，那家公司也無法阻止你。一旦你成為股東，它們永遠不能趕你走。

如果你只擁有一股迪士尼，你也與數百萬股的股東一樣擁有基本的權利。你會被邀請參加年度股東大會，就在加州阿納海姆（Anaheim）最早的迪士尼樂園裡舉行，在那裡你可以坐在華爾街專業人士旁邊，聽迪士尼高階主管解釋他們的策略。你可以享用免費咖啡和甜甜圈，擁有投票決定重要事務的機會，例如由誰來當迪士尼的董事。

右表是一些公司給股東特別優惠的例子，是持有股票之外的紅利。

這些董事並非迪士尼的職員，也不向公司的主管負責。他們做策略性的決定，並監督主管的所作所為。公司是為股東而存在，而董事則代表股東的利益。

上市公司的選舉採用一股一票制，因此如果你持有一股迪士尼，你的一票很難與擁有100萬股的股東相抗衡。儘管如此，公司對每一

票都很重視，它知道大多數股東不能抽出空閒時間、遠道參加決定重大事務的年度股東會，所以會寄缺席選票給你。如果你忘記填寫寄出，他們還會寄給你提醒通知。

一旦你不喜歡公司的管理團隊、策略或發展方向，隨時可以自由投出終極的否決票——賣出股票。

一年有四次，你會收到報告卡，告訴你公司的狀況，銷售好不好，在上一期賺了或虧損多少錢。每年有一次公司會寄年度報告給你，詳細記錄一年的經營情況。大多數年度報告印在漂亮的紙上，有好幾頁的照片，一不小心就會把它們錯當成高檔雜誌。

在封面有一段公司主管的個人訊息，敘述去年的事件，但真正重要的是數字。有好幾頁的數字，除非你受過解讀的訓練，否則它們肯定讓你既困惑又無聊。你現在就可以去上會計課程，獲得必要的訓練。一旦上過課後，無聊的數字就會變得很刺激。真的，還有什麼

公司	好處
Ralston Purina	於科羅拉多州的Keystone休閒度假區租用木屋、雪橇有折扣
箭牌	每位股東每年20包免費口香糖
迪士尼	如果加入金卡計畫，主題公園門票和商品價格打七折
Tandy	睿俠（Radio Sahck）商店耶誕假期打九折
3M	免費禮包，包括膠帶和便利貼
高露潔棕欖	15美元折價券
超級剪（Supercuts）	3美元剪髮折價券
萬豪飯店（Marriott）	部分萬豪飯店週末折價10美元

資料來源：卡爾森（Charles Carlson），《華爾街的免費午餐》（*Free Lunch on Wall Street*），1993。

比學習解讀能讓你變成終身成功投資人的密碼還刺激？

公司必須按照要求寄出所有報告，他們不能推說忘記寫報告，或任何搪塞的理由。他們不能取消年度股東會，或找藉口不舉行。他們不能隱瞞事實，不管是多麼不愉快的事實。他們必須全盤交代清楚，好的和壞的，讓每一個股東都知道真正的情況。法律就是這麼規定的。

如果生產線出了什麼差錯，或產品賣不出去導致公司虧損，或執行長捲款潛逃，或某人控告公司，公司都必須公告周知。

在政治上，民選官員和候選人誇大事實來支持自身的論點很常見。當政治人物扭曲事實時，我們說那是搞政治；但當一家公司扭曲事實時，就成了華爾街醜聞。

故意誤導股東的公司（這很少發生）得面對嚴厲的懲罰，犯罪者可能被罰款或送進監牢。即使是非故意的（較常發生），誤導股東的公司也會在股市受到懲罰。只要知道公司隱瞞事實，許多大投資人會立刻拋售股票。大量賣出股票會導致股價大跌。我們看過不少公司在醜聞傳出當天，股價就暴跌一半以上。

當一檔股票在一夕之間損失一半價格，這會衝擊所有投資人，包括從執行長以下的許多企業內部人，他們可能擁有大批股票，所以確保公司披露事實而不誇張符合他們的利益。他們知道事實遲早會被社會大眾知道，因為公司有數百個、甚至數千個股東在密切監視。棒球選手無法吹噓自己的打擊率是.320，實際上每天看運動統計分數的球迷知道他的打擊率是.220。華爾街也一樣，一家公司不能吹

嘘自己獲利打破紀錄而實際上卻沒有——有太多投資人的眼睛緊盯著看。

一切都是為了獲利

公司營運只為了一個基本目的,不管是上市公司或私人公司、由一個股東或百萬個股東擁有,目標都相同——獲利。

獲利是支付所有開銷後剩下的錢,可分給企業的業主,不管是奇異、百事、漫威漫畫,或週末在社區提供洗車服務的公司都一樣。如果沒錢可賺,你不會頂著大太陽、提著水桶用海綿幫人洗車。也許你喜歡洗車,因為你可以偶爾拿水管澆澆自己,讓你在夏日豔陽下保持涼爽,但這不表示你願意提供免費服務。

這個道理也適用於擁有公司股票的人,他們買股票不是因為被邀請參加年度股東會很好玩,或喜歡收到公司寄來的年度報告。他們買股票是因為預期公司能賺錢,並在將來某個時候會把部分獲利分給他們。

一些人仍有錯誤的觀念,認為做事為了獲利是貪婪或卑劣的行為,是欺騙社會其他人,因為只要有人賺錢,就會造成社會其他人的虧損。

三十年前接受這種觀念的人比今日多,但現在仍有一些人存有這種想法。一個人獲利就是另一個人的虧損,是共產主義的基本教條,也流行於校園和其他地方的社會主義者中,他們只要有機會就大肆撻伐資本主義者把自己擺第一、其他人擺最後,藉由剝削受薪階級

而致富。

前面我提到亞當‧史密斯的《國富論》，這本書歷經兩百年仍很受歡迎，你可能想看看。只要有資本主義和獲利動機，史密斯的「看不見的手」就會指引金錢流向能做最多好事的地方。

個人電腦是「看不見的手」運作的例子。當個人電腦發明出來、受到人們歡迎時，許多新公司隨之成立，投資人排隊買股票，把數十億美元資金投入電腦業。結果是更好和更快的電腦，以更低的成本製造，並且激烈的競爭讓價格下降。激烈的競爭也使許多公司倒閉，但存活的公司能以最低價格製造出最好的產品。

適者生存不只動物界如此，也發生在資本主義世界。賺錢而管理良好的公司，在股市獲得獎賞，因為公司若績效良好，股價就會上漲。這會讓投資人很開心，包括擁有股票的經理人和員工。

在管理不良的公司，績效平庸，股價因而下跌，所以管理不良遭到懲罰。股價下跌讓投資人生氣，如果他們夠生氣，可能施壓要求公司開除差勁的經理人，並採取提振公司獲利的其他行動。

大體說來，一家高獲利的公司會比低獲利公司吸引更多資金，有了更多資金後，高獲利公司將變得更強壯，擁有可擴張和成長的資源；反之，低獲利公司難以吸引資金，可能日漸萎縮，最後因為缺少財務養分而死亡。

適者生存弱者倒閉，所以錢不會浪費在它們身上。沒有弱者的阻礙，錢會流向最能善加利用它的企業。

所有公司的員工都應該追求獲利，因為如果公司不賺錢，他們很快就會失業。獲利是成就的跡象，那表示有人製造出對他人有價值的東西，使他人願意花錢購買。創造獲利的人會受到激勵，想以更大的規模重複他們的成功，而這表示為他人創造更多就業和更多獲利。

如果資本主義者和投資人自私而貪婪、一心只想累積自己財富的指控是真的，為什麼世上最富裕的國家也是慈善捐獻最多的國家？美國的捐款在世界上排名第一，其中以民間個人捐獻占大部分。例如在1994年，美國人從自己的口袋拿出1,050億美元來協助無家可歸、病弱、失業和老年人，以及醫院、教會、博物館、學校、退伍軍人、聯合勸募協會（United Way）、傑利的孩子（Jerry's Kids）並從事許多善行。

資本主義不是零和遊戲。除了少數的壞人，富人並非靠著讓他人變窮以致富。當富人變得更富有，窮人也跟著變富有。如果富人真靠著令他人變窮而致富，那既然美國是世上最富有的國家，現在應該已經在國內製造出世界上最貧窮的階級了。但美國的情況卻正好相反。

美國仍有嚴重的貧窮問題，但比起印度、拉丁美洲、非洲、亞洲或東歐這些資本主義才剛立足之處所見的貧窮，美國的問題輕微多了。當公司成功並且變得更加賺錢，就表示有更多的就業機會與更少的貧窮。

成長工廠

每個擁有股票的人都希望公司成長，但這不表示它會變得太自滿而必須搬進較大的建築，雖然搬進大建築是成長的跡象。成長指的是獲利的成長，代表公司今年賺的錢比去年更多。當投資人談到「成長」，他們談的不是規模，而是指獲利能力，也就是盈餘。

假如你洗三輛車，每輛各6美元，而你花2美元買一瓶清潔劑、1美元買一塊新海綿，所以你賺了15美元——你洗車收入的18美元，減去買材料的3美元。再用同樣的清潔劑和海綿洗五輛車，你將再賺30美元，不必再花額外的原料成本。你的盈餘變成三倍了，這表示你的口袋裡有更多現金，所以你可以買唱片、電影票、新衣服和更多股票。

一家公司在12個月內盈餘增為兩倍，會讓華爾街舉行狂歡慶祝會，因為企業成長這麼快很罕見。發展穩定的大公司一年盈餘若增加10％到15％就會很開心，而活力較充沛的年輕公司盈餘可能增加25％到30％，但不管是哪一種公司，它們追求的就是盈餘。那是投資人尋找的，也是股票上漲的原因。

換一種思考的方法。假設你有個朋友正要組一個搖滾樂團，需要錢買樂器設備。所以他向你提出下列建議。如果你出資1,000美元買高功率擴大器，他會給你樂團10％的所有權。你們兩人簽了一紙這項安排的合約。

在樂團初試啼聲之前，你感覺自己好像做了一樁蠢交易。它花了你

1,000美元買10%的樂團所有權,而樂團唯一的資產是你付錢買的擴大器。這時你擁有自己的擴大器10%股權。但假如這個搖滾樂團被當地的俱樂部僱用,在週五晚上的時段表演,每週酬勞為200美元。現在樂團的價值已超過那具擴大器,它有盈餘了。你擁有盈餘的10%,每週能賺進20美元。

如果樂團受到聽眾喜愛,酬勞提高到400美元,盈餘在一夜間增長為兩倍,你每週能賺進40美元。

這時你擁有的那紙合約不再不值錢。如果你願意,甚至可以賣掉它。但如果你相信這個搖滾樂團,你就會守住你的股份,因為有天這個樂團可能錄一張唱片、上MTV,變成下一個當紅樂團。如果發生這種事,你將每週賺進數千美元,你10%股權的價值將遠超過當初你提供擴大器時所能想像。

人們買進迪士尼或銳跑、或任何上市公司股票的理由都和你投資搖滾樂團一樣。他們寄望迪士尼、銳跑或任何上市公司的盈餘會增加,而盈餘的一部分能以股價上漲的形式讓他們獲利。

這個簡單的道理——股票價格直接與公司的獲利能力相關——往往被忽略,甚至經驗老到的投資人也忘記這一點。觀察股票行情的人開始認為股價有自己的生命,他們追蹤股價的上漲和下跌,就像賞鳥人追蹤鼓動翅膀的雁子。他們研究交易模式,製作曲折起伏的圖形。他們嘗試思索「市場」在做什麼,然而實際上他們該追蹤的卻是自己股票的公司獲利的情況。

如果獲利持續增加，股價註定會上漲。也許它不會立刻上漲，但最後一定會。如果獲利減退，很可能股票的價格將下跌。盈餘降低會減損公司的價值，正如流失聽眾和唱片賣不出去的搖滾樂團。

這是成功選股人的出發點：尋找未來許多年盈餘可持續成長的公司。整體股票的平均價格長期每年成長約8％並非偶然，發生這種情況是因為整體公司平均每年盈餘增加8％，加上它們支付3％的股利。

根據這些假設，當你投資一組具代表性的公司時，這個獲利的機率對你很有利。有些公司的表現會比其他公司好，但整體來說，他們盈餘會增加8％，並支付你3％股利，而你會獲得11％的年報酬率。

股價本身無法告訴你是否做了一筆好交易。你會聽到有人說：「我不買IBM，因為每股100美元太貴了。」也許是他們沒有錢買每股100美元的IBM，但每股100美元與IBM是否太貴無關。一輛15萬美元的藍寶堅尼（Lamborghini）大多數人無法負擔，但就藍寶堅尼來說，這個價錢可能不算貴。同樣的，每股100美元的IBM可能很便宜，也可能不便宜，那取決於IBM的盈餘。

如果IBM今年每股盈餘是10美元，那麼你以100美元買一股IBM等於支付盈餘的10倍，以今日的市場來說算便宜。另一方面，如果IBM每股盈餘只有1美元，每股100美元就等於支付盈餘的100倍。換句話說，本益比為100倍，對IBM來說實在高得離譜。

本益比是一個複雜的主題，如果你對挑選自己的股票有興趣，值得

進一步深入研究。但就目前來說，有下面幾個關於本益比的重點。

如果挑選多家公司，把他們的股價加起來，然後除以它們的盈餘，你可以得出一個平均本益比。在華爾街，人們用這種方式計算道瓊工業指數、標普500指數和其他指數公司的本益比，得出所謂的「市場乘數」（market multiple），也就是市場的平均本益比。

市場乘數是很有用的數值，因為它告訴你在特定的時間，投資人願意以多高的價格買多少盈餘的公司。市場乘數起起伏伏，但通常維持在10到20的範圍內。1995年年中的美國股市平均本益比約16倍，這表示整體來說股票不便宜，但也不算太貴。

總之，一家公司的盈餘成長愈快，就有更多投資人願意為它的盈餘買公司股票。這是積極進取的新公司本益比往往超過20倍以上的原因。人們寄望這些公司有很驚人的發展，願意支出較高價格擁有其股票。根基穩固的舊公司本益比約在10到15倍間，它們的股價相對於盈餘較便宜，因為穩固的公司往往成長較慢，不會有爆發式的成長。

有些公司盈餘持續穩定成長，這是成長型公司。另一些公司盈餘成長不規則，時好時差，則屬景氣循環型公司——汽車、鋼鐵、重工業等產業在某些經濟情況下表現較好。它們的盈餘時好時壞，所以其本益比較盈餘穩定成長的公司低。它們每年盈餘的多寡取決於經濟情況，而經濟情況很難預測，這一點我們會在第四章談到。

公司賺很多錢未必代表股東一定受益。接下來的一個大問題是：公

司會怎麼利用賺來的錢？基本上公司有四種選擇。

公司可以把錢再投入營運，實際上就是投資自己。它用這些錢開更多商店或蓋新工廠，讓盈餘成長得更快。就長期來看，這對股東十分有利。快速成長的公司可能獲得20％的投資報酬率，遠高於把錢存在銀行的報酬率。

或者公司可以把錢浪費在噴射機、柚木裝潢辦公室、大理石主管浴室、主管薪資比業界行情多一倍，或者以過高的價格併購其他公司。這種不必要的購買對股東不利，可能毀壞原本很划算的投資。

或者公司可以買回自己的股票，減少市場流通的股數，即實施所謂的庫藏股計畫。為什麼公司要這麼做？因為市場流通的股數變少，其餘的股票就更有價值。買回股票對股東很有利，尤其是公司以低價買回股票時。

最後，公司可以發放股利。這是大多數公司的做法。發放股利不完全是有利的事——公司發放股利等於放棄把那些錢投資在自己身上。儘管如此，股利對股東是很有利的。

股利是公司回報擁有股票者的方式。那些錢會定期直接寄給你——這是四種選擇中唯一公司獲利直接進入你口袋的選擇。如果你在持股期間需要收入，股利符合你的需要。或者你可以用股利購買更多股票。

股利也有心理上的利益。在空頭市場或修正期，不管股價的走勢如

何，你仍然收到股利，這給你另一個不因恐慌賣出持股的理由。

有數百萬名投資人專門買進發放股利的股票，不買別的。如果你對這種投資感興趣，可連絡華爾街的研究業者穆迪投資服務公司（Moody's Investors Service）。穆迪整理一份名單，列出連續多年提高股利的公司。有家公司曾連續五十年提高股利；有300家公司曾連續十年提高股利。

這份名單登在穆迪的《股利追求者手冊》（*Handbook of Dividend Achievers*），附帶一份完整的統計表，列出會定期提高股利的所有公司。

如何抓住12壘打股

如果你準備投資一檔股票，必須先了解這家公司。許多投資人在此處犯錯，他們買一檔股票卻不了解這家公司，他們追蹤股價，因為那是他們唯一了解的細節。當股價上漲時，他們認為公司的體質一定很好，但當股價下跌，他們便感到無趣或喪失信心，所以賣出股票。

光憑股價而不了解一家公司就買進股票，可能是投資人所犯最嚴重的錯誤。這會讓人在崩盤或修正期間、股價跌到最低點時拋售持股，因為投資人以為這表示公司的體質一定很差。那會使投資人錯過在股價低、但公司體質還很好時買進更多股票的機會。

了解公司讓你知道公司在未來能否創造獲利；或者如果營運惡化，

會不會造成虧損。了解公司有時不太容易，有些公司的情況比其他公司複雜。有許多不同部門的公司，比只有單一產品的公司更難了解。即使公司的營運很單純，有時也難以判斷好壞。

不過，有時展望一片明朗，一般投資人就能看出營運的前景令人振奮。這就是了解一家公司可以獲得豐厚報償的時候。讓我們設想兩個不同時期的例子：1987年的耐吉和1994 年的嬌生（Johnson & Johnsosn）。

耐吉的營運很單純，它製造運動鞋。和速食店及專門零售業一樣，這類公司適合所有人追蹤研究。有三個要素：第一，耐吉今年是否比去年銷售更多運動鞋？第二，耐吉銷售運動鞋的利潤是否夠好？第三，耐吉明年和後年能否賣出更多運動鞋？在1987年，投資人從寄給他們的季報和年報獲得一些肯定的答案。

自1980年上市以來，耐吉股大起大落，從1984年的5美元漲到1986年的10美元，跌回5美元後，又在1987年回升至10美元。看看這個過程的背景，運動鞋的前景是一片前所未見的光明，人人都穿運動鞋：學步的幼兒、青少年，甚至小時候不穿運動鞋的成年人也開始穿起運動鞋了。有各種不同的運動鞋：網球鞋、慢跑鞋、籃球鞋，應有盡有。運動鞋的需求很明顯在成長，而耐吉是大供應商。

然而公司營運卻進入一段顛簸期，銷售、盈餘和銷售展望全面下滑。這是一個令人失望的發展，股東在收到1987年度第一季的報告時無不感到憂慮。（和許多公司的慣例相同，耐吉的年度從6月開始，所以1987年度第一季在1986年8月結束。）如果你擁有耐吉

股票，你會在1986年10月初收到報告。銷售滑落22％，盈餘減少38％，而「未來展望」（未來的訂單）也減少39％。這不是買進更多耐吉股票的好時機。

年度第二季的報告在1987年1月6日寄出，和第一季一樣難看，而第三季也好不了多少。但是出乎意料的，在1987年7月底與年度報告一起寄到的第四季報告，卻出現了轉機。銷售仍然下滑，但減幅只有3％；盈餘還是減少，但未來的訂單已經回升。這表示世界各地的店家已開始採購更多耐吉運動鞋。他們一定是認為可以賣出更多耐吉運動鞋，否則不會向耐吉下更多訂單。

看了那一年度的報告，你也會發現，儘管盈餘連續幾季下滑，耐吉仍然有可觀的獲利。這是因為運動鞋是成本很低的產業，它不像鋼鐵業必須興建和維護昂貴的工廠。在運動鞋業，你需要的只是一個寬敞的空間，安裝一些縫紉機，使用相對便宜的原料。耐吉手上有很多現金，財務體質相當強健。

當打開1988年度第一季的報告（在1987年9月寄到），你幾乎不相信自己的眼睛。銷售上揚10％，盈餘激增68％，未來訂單增加61％。這證明耐吉會連續交出好成績。事實上，這一連續就是五年的時間：連續20季的銷售成長和盈餘增加。

在1987年9月，你還不知道未來20季的事。你很高興公司已經扭轉頹勢，但你不會衝出去買更多股票。你擔心已經從7美元飆漲到12.50美元的股價。

所以你等待進一步的發展，而這次你運氣很好。股價在1987年10月
的股市崩盤中重挫，只知道股價而不了解公司的投資人把手上的所
有股票賣掉，包括他們的耐吉股。他們聽到晚間新聞的評論員預測
全球金融市場將崩潰，而驚慌拋售持股。

在一片混亂中，你保持鎮定，因為你了解耐吉的營運正要好轉。股
市崩盤送你一份大禮：以便宜價格買進更多耐吉股票的機會。

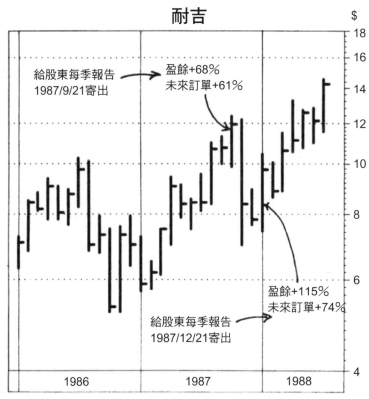

* 1990年耐吉股價攀至40美元
  1992年耐吉股價攀越90美元

耐吉——如何抓住你的全壘打股

日期	業績	股價
1987年度第一季 1986年8月31日結束 1986年9月30日報告 寄給股東	銷售 -22% 盈餘 -38% 未來訂單 -39%	1986/9/30：$5.50 季結束後3個月股價 範圍：$5.25-$7.87
1987年度第二季 1986年11月30日結束 1987年1月6日報告 寄給股東	銷售 -22% 盈餘 -47% 未來訂單 -35%	1987/1/6：$5.88 季結束後3個月股價 範圍：$5.75-$7.50
1987年度第三季 1987年2月28日結束 1987年3月25日報告 寄給股東	銷售 -23% 盈餘 -60% 未來訂單 -19%	1987/3/25：$9.25 季結束後3個月股價 範圍：$7.00-$9.50
1987年度第四季 1987年5月31日結束 1987年7月21日報告 寄給股東	銷售 -3% 盈餘 -16% 未來訂單 +6%	1987/7/21：$9.38 季結束後3個月股價 範圍：$8.12-$11.25
1988年度第一季 1987年8月31日結束 1987年9月21日報告 寄給股東	銷售 +10% 盈餘 +68% 未來訂單 +61%	1987/9/21：$11.13 季結束後3個月股價 範圍：$7.00-$12.50
1988年度第二季 1987年11月30日結束 1987年12月21日報告 寄給股東	銷售 +28% 盈餘 +115% 未來訂單 +74%	1987/12/21：$9.88 季結束後3個月股價 範圍：$7.50-$11.50

耐吉股價在崩盤後跌回7美元，並在那個價位徘徊八天，所以你有很多時間打電話給你的經紀人。從那個價位開始，耐吉展開五年的攀升，在公司營運不斷更好中一路奔向90美元。到1992年底，耐吉的股價已是你在1987年買進時的12倍多。那就是你的12壘打股。

即使你錯過在崩盤後以每股7美元買進耐吉的機會，你也可以在三個月、六個月或一年後每次收到季報告，看到耐吉業績持續好轉時加碼買進。即使你沒有獲利12倍，也可以賺進你投資的10倍、8倍或6倍。

嬌生

另一家任何投資人都可研究的公司是嬌生。彼得・林區很喜歡這檔股票，但不是因為必須具備特殊天分才能了解這家公司。如果你看過1993年的年度報告，你也會得出相同的結論：投資這家公司。

1993年度的報告在1994年3月10日寄出，你在內頁最先注意到的一件事是，過去兩年股票的表現，從1991年底約57美元穩定下滑。在報告寄達時，股價已下跌到39.625美元。

一家這麼棒的公司在多頭市場的股價表現卻如此差，你會懷疑出了什麼差錯。你瀏覽年度報告想找點壞消息，但從頭到尾看到的都是好消息，有許多出現在第42頁的摘要裡。盈餘連續十年穩定上漲，在那段期間成長為四倍。銷售也持續增加。

這家公司也提到連續十年提高股利，但沒有提到一個更不可置信的

事實：它已連續三十二年提高股利。也許嬌生是想表現得含蓄一點。

同樣在42頁，你得知這家公司近年來的生產力節節升高。在1983年，擁有77,400名員工的嬌生，製造並銷售價值60億美元的產品；到了1993年員工增加到81,600人，製造並銷售的產品價值已增加到140億美元。這等於增加4,200名員工，但製造和銷售的產品多出一倍多。從1989年到1993年，銷售從97億美元增至140億美元，而員工的數字不增反減。

這告訴你嬌生變得更有效率，且更善於降低成本。公司的員工以更有效率的方式利用他們的時間，為公司、股東和自己創造更多價值（雖然你從股價看不出來）。許多員工擁有股票，或者即使未擁有股票，當銷售增加時，獲利隨之增加，員工也能獲得加薪。

在第25和42頁，你發現嬌生持續買進自家股票：1993年買進300萬股，在之前十年期間則買進1.1億股。它花了數十億美元在這件事上。當公司以這種方法在市場買進自家股票時，投資人很可能受益。流通的股票減少意味每股盈餘升高，進而推升股價。但看到嬌生的股價，你不會想到公司在買回股票。

嬌生年度報告29頁的資產負債表顯示，這家公司擁有超過9億美元現金和可變賣的證券，還有該公司有價值55億美元的權益總額（total equity）。擁有這麼堅強的財務實力，嬌生沒有營運難以為繼的危險。

到這時候，你可能好奇到底問題出在哪裡。會不會是嬌生沒有為未來做好準備？年度報告的封面標題並非這麼寫的，上面幾個大字說：「新產品帶動的成長。」文字交代的詳情是：該公司1993年的銷售有34％來自過去五年推出市場的產品。

在42頁，你發現嬌生1993年花10億美元在研發上，相當於銷售的8％。研發預算在十年間成長為兩倍。顯然該公司做了標題上說的：孕育新產品。嬌生沒有偷懶。

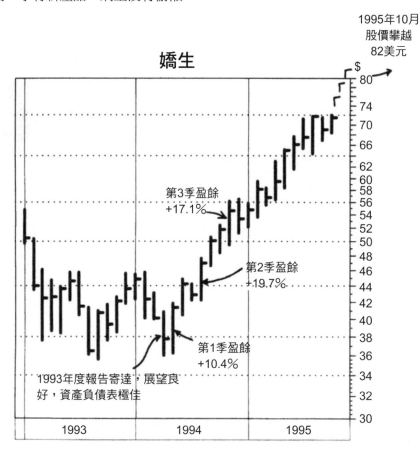

嬌生

1995年10月
股價攀越
82美元

第3季盈餘
+17.1%

第2季盈餘
+19.7%

第1季盈餘
+10.4%

1993年度報告寄達，展望良
好，資產負債表極佳

1993　　1994　　1995

把這種情況放在較大的背景，比較股價與盈餘。這家公司預期1994年每股盈餘3.10美元，1995年為3.60美元，本益比分別為12倍和11倍。未來的盈餘總是難以預測，但嬌生過去的盈餘預測向來很準確。因此如果這些預測正確，股價確實便宜。

當時以1995年預估盈餘計算的股市平均本益比為16倍，而嬌生的體質遠優於一般公司，是一家卓越的公司，各方面的表現都很傑出：盈餘增加、銷售增加，展望光明。儘管如此，嬌生股價已跌到39.625美元，而且在報告抵達那幾週還繼續滑落到接近36美元。

雖然很難相信，你還是達成了無可避免的結論：嬌生沒有任何問題，股價不應該跌到這麼低。公司不是問題，「健保恐懼」才是問題。在1993年，國會正在辯論不同的健保改革提案，包括由柯林頓政府提出的計畫。投資人害怕如果柯林頓的提案通過立法，醫療公司將受害，因此他們拋售嬌生和其他醫療照護股。

如果柯林頓的提案立法成功，這些憂慮有一部分可能成真，但即使如此嬌生受到的影響也會比典型的醫療照護公司輕微。在年度報告41頁，你發現嬌生的獲利有超過50％來自不受柯林頓提案影響的國際業務。然後在第26頁，你發現公司獲利有20％來自洗髮精、OK繃和其他消費者產品，這些產品與柯林頓改革目標的藥品無關。不管你怎麼剖析，嬌生與那些人擔心的事沒有多大關係。

只要花不到20分鐘讀年度報告，就可看到股價39.625美元的嬌生是十年來少見的便宜股票。嬌生不是一家很難了解的複雜公司，你不必是全職的專業投資人或哈佛商學院研究生就能搞懂它。

這是一個簡單的決定：股價正在下跌，而公司的基本面正在改善。正如耐吉的例子，你不必急著買股票。彼得·林區在1993年底《今日美國報》（*USA Today*）的一篇文章推薦嬌生，當時股價為44.875美元。在1994年春季的《盧基塞華爾街週》（*Wall Street Week with Louis Rukeyser*）節目上，再度推薦它，當時股價回跌7美元到37美元。

股價下跌7美元完全沒有影響林區的看法，因為最新的每季報告告訴他，銷售和盈餘正在上揚，所以投資的潛力正在增加，正好是低價加碼買進的好時機。

林區在1994年夏季再度推薦嬌生，當時股價已回升到44美元，但本益比仍然很低。到1995年10月，股價已上漲超過80美元，在18個月內翻漲為兩倍。

3 公司的生命

公司的誕生

故事從這裡開始。某人有了新點子，發明了一項新產品。這個人不必是重要人物、大學榮譽生或研究所畢業。這個人甚至可以高中沒唸完，或大學中輟生，以蘋果電腦的例子來說，就是大學中輟生。

你會很驚訝有這麼多億萬美元的公司，是在某人的廚房餐桌或車庫裡發起的。美體小舖（Body Shop）從羅迪克（Anita Roddick）的車庫開始，她原本是英國的家庭主婦，想在丈夫出差時找點事情做。她開始製造乳液和護膚水，並把它們變成一個護膚帝國，在全世界各地有900家美體小舖。

第一台惠普電腦出自帕卡德（David Packard）的車庫，第一台蘋果電腦則在賈伯斯（Steve Job）父母的車庫誕生。為了鼓勵更多創新問世，也許我們應該蓋更多車庫。

讓我們再仔細探究蘋果的起源。這家公司創立於1976年，正好是美國建國後兩百年。今日蘋果每年銷售價值50億美元的電腦到世界各地，付給1.13萬名員工薪水。但1976年之前蘋果並不存在，只有兩

個眼睛閃著亮光的加州年輕人。

其中一個是賈伯斯，另一個是沃茲尼克（Steve Wozniak）。賈伯斯當時21歲，沃茲尼克26歲。兩人都是大學中輟生，和班傑瑞冰淇淋店的班‧考亨（Ben Cohen）一樣。他們都提早離開學校，白手起家創立公司，並在35歲以前變成百萬富翁。

這不表示你也得從學校退學，然後等著神奇的事情發生。這三個人知道如何讀、寫和計算，其中蘋果的兩個人都學了許多有關電腦的知識，他們離開學校不是因為可以賴床，然後整天無所事事。他們全神貫注在電晶體、配線和印刷電路板上。

沃茲尼克是最早的「駭客」（hacker）之一，也就是精通電腦的天才，成天在家實驗自製設備，學會如何破解安全密碼，入侵資料庫，對政府機構和企業辦公室搞破壞的麻煩人物。在較有建設性的方面，他想到設計一台簡單的家用電腦，讓對電腦完全沒有概念的一般人使用，在當時，那就是99.9％的人口。

因此沃茲尼克和賈伯斯就在賈伯斯家裡的車庫設立工廠，把市面上常見的電腦零件組裝在一個塑膠盒，並取名蘋果一號（Apple I）。兩人對自己生產的東西都很興奮，決定變賣所有財產——一輛舊廂形車和兩具計算機——把所得的錢全投入事業。

他們籌得3,000美元的自有資金，以1976年的物價可用來生產50多台蘋果電腦。然後他們賣出那50台電腦，用那些錢來研發更進步的機型，並且再賣出數百台電腦。

在這個初期階段，想出好點子的人必須拿出自己的錢來創業。當現金用完後，他們典當家裡的珠寶、賣掉第二部車，向銀行抵押房子貸款——想盡辦法讓事業延續下去。

失去房子、穩當的工作和生活積蓄，是許多後院發明家為了創建新事業甘心承擔的風險。這些有勇氣、又有本事的人，願意跨入不可測的領域，就像在他們之前的開路先驅一樣。他們選擇開創新事業的刺激，寧願捨棄領固定薪水的穩定生活。光是投資所有的錢還不夠，他們必須長時間工作，投資大部分的時間。

如果他們運氣好，未碰上阻礙，也沒有太早把錢花光，他們可以製造一個樣本或發明產品的縮小模型，或付錢請顧問寫一份詳細的事業計畫。在這時，他們進入一個需要更多錢的階段。他們開始向「天使」（angel）推銷計畫。

天使可能是一位有錢的叔叔、遠房表親，或資金雄厚、願意冒險投資的朋友。天使拿錢出來不是做慈善，而是因為他們相信新點子有機會成功。他們貢獻資金，換取新事業的股份——通常是相當大的股份。

你已經看出，有好點子的人要想成功，就不能自私地獨占100％的股份。當計畫進展到縮小模型或規劃以後的階段，就必須從更具財力的新投資人籌措更多錢。這些人就是創投資本家。

創投資本家通常在產品已開始生產、並已僱用銷售人員來銷售它們的階段跨入。他們藉等待新公司建立、新點子已證明可行到某個程度來降低自己的風險。這些人對細節有很銳利的觀察力，他們全面

檢驗公司簡短的歷史以尋找缺陷。他們想知道經營者是否真的有把握成功,以及是否有能力把營運從小做大。

創投資本家提供財務援助時,也要求參與行動。這家年輕的公司已經有三組業主:湊出第一批資金的初始發明家;拿出第二批資金的天使;以及提供第三批資金的創投資本家。到這裡,初始發明人擁有事業的股份可能不到50%,因為餅做得愈大,就愈多人有份。

讓我們再看看兩位蘋果創辦人的進展。他們感覺自己手上握著一種受歡迎的產品,於是聘請了一位也是行銷專家的退休電子工程師馬庫拉(Mike Markkula)。馬庫拉曾為電腦業的兩大公司工作——英特爾和快捷半導體(Fairchild Semiconductor)。他年紀已大到足以當蘋果兩位發明家的父親。

馬庫拉可以拒絕兩位業界新手,但他不愧是識貨的老手。他不但同意為他們寫商業計畫,還以25萬美元買下三分之一的公司股權,使他變成蘋果的第一個天使。

善於發明東西的人未必善於推銷、廣告、管理財務或人事費用,而這些都是決定新創公司存活之事。馬庫拉知道兩位創辦人需要的協助遠超過他所能給予,於是又招攬一位有經驗的主管史考特(Mike Scott)來擔任蘋果的總裁。

蘋果也僱用麥坎納(Regis McKenna),是當地最好的廣告公司找來的文案老手,他設計出蘋果的商標。有了這些新同事來處理行銷和推廣,兩位創辦人就能專心改進產品。

蘋果是第一家推出彩色影像個人電腦的公司，也最早使用電視顯示器作為螢幕。沃茲尼克裝設一部硬碟機取代當時用來儲存資料的卡帶機。1977年6月，他們賣出價值100萬美元的蘋果電腦。至1978年底推出蘋果二號（Apple II）時，蘋果已是美國成長最快的公司。

隨著銷售持續攀升，兩位創辦人繼續埋首於蘋果實驗室（不再是當年的車庫了！），設計更多蘋果電腦。另一方面，在1979年，他們籌措更多資金：沃茲尼克賣掉他的部分股票給金融家沙洛費姆（Fayes Sarofim），另有一群由羅斯查爾德公司（L.F. Rothschild Company）召集的創投資本家投資720萬美元。

蘋果在1980年12月上市時已生產第四款新電腦。像蘋果這樣等到已證明自己才上市是很典型的做法，而蘋果在公開上市之前股價就已經漲上天。

公開上市

從這個階段起，股票市場開始扮演一個角色。現在已經把產品改善得很好，缺陷全都矯正，並準備全面擴張。或者，如果新點子是某種新類型的商店，此時第一家店已證明能獲利，公司已計畫開第二家或第三家店。野心勃勃的展店計畫需要更多資金，超過天使和創投資本家迄今所提供的，而資金最好的來源就是你和我。

公司上市是一個重大決定，就像一個人準備競選公職。一旦你做出這兩種選擇之一，你就要公開自己，供外界的記者追問你的事務，政府機構也會監視你的一舉一動。政治人物的生活不再屬於他或她

自己，一家公司從私人公司變成上市公司的情況也類似。

採取這個步驟的公司願意承受有如生活在魚缸裡的關注，是因為上市是它們籌募足夠資金、以發揮它們最大潛力的最好機會。

公司有兩個重要的生日——公司成立的日子和上市那一天。這個可喜可賀的日子稱為「首次公開發行股票」（initial public offering，IPO）。每年有數百檔股票以這種方式，在投資銀行協助發行股票下誕生。

銀行家的部分工作是銷售股票給有興趣的投資人，稱為承銷（underwriting）。這些銀行家舉辦「巡迴說明會」（road show），嘗試說服潛在投資人購買股票。他們發給潛在投資人一份稱為「公開說明書」的文件，解釋有關公司的詳細狀況，包括人們不該買這檔股票的所有理由。這些警告都以紅色大字體印刷，以避免人們沒看到。在華爾街，警告標示被稱為「紅鯡魚」（red herrings）。

在公開說明書中，銀行家必須估計第一股股票出售的價格。通常他們先選擇一個價位範圍，例如從12美元到16美元，而最終價格則由巡迴說明會得到的反應來決定。

銀行家會在報紙上刊登一則稱作「墓碑」（tombstone）的廣告，並公告一家股票承銷商。這家「主辦承銷商」的名稱會出現在墓碑上的明顯位置。你會對各家銀行在幕後競爭主辦承銷商之位的激烈程度感到驚訝。典型的墓碑就像下圖。

本廣告的目的非為銷售或徵求購買任何證券。
徵求買股只限公開說明書為之。

1995年9月20日

1,250,000股

CyberOptics

網路光學公司
普通股

價格每股33.25美元

公開說明書可從下列可合法公開銷售上述股票之承銷商取得。

艾力士布朗父子公司 Alex, Brown & Sons

布朗森史蒂芬斯公司 Bronwson Stephens Compnay

派柏賈佛瑞公司 Piper Jaffray Inc.

一個人的生命終結於葬儀社（undertaker）安排的墓碑下，一家上市公司的生命則始於承銷商（underwriter）刊登的一則墓碑。這是華爾街眾多奇怪的金融術語之一。

「小投資人」（這個詞是用來形容投資組合的規模，而非人的身材）很少有機會在首次公開發行中購買小型、新創公司的股票，這些新發行的股票通常保留給「大投資人」，例如管理數千萬美元、甚至數十億美元資金的基金。

這批460萬股蘋果股票在一小時內銷售一空,共同基金的經理人爭搶買進能買到的任何股數。一如慣例,新手投資人沒有機會參與買股,尤其是在麻州。許多州有「藍天」(blue-sky)法規保護公眾,避免他們被詐欺的促銷所騙,而麻州監管當局把蘋果列入此一類別。他們實在錯得離譜。

不管如何,上市售股完成後,收入便由各方分配。一小部分錢給承銷商,即主辦巡迴說明會和上市事宜的投資銀行。另一部分錢給公司創辦人,以及天使和創投資本家,因為他們都各自貢獻一部分股票供銷售。其餘的錢歸公司,這些資本將用來擴張營運。

在這時,公司有了一批新業主——在上市售股中購買股票的投資人。就是他們的錢被用來支付承銷商,分配給創辦人等股東,並協助公司擴張。接下來就是人人等待的時刻——股票開始在證券交易所交易。

蘋果於1980年12月在那斯達克股市的店頭交易市場(over-the-counter market)上市。現在任何人都可以買蘋果股票了,包括所有在首次發行中被排拒在外的小投資人。通常剛發行的股票可能上漲幾天、幾週或幾個月,漲完後漸漸歸於平淡,股價也緩緩回跌。這是小投資人撿便宜的好機會。經過12個月的交易後,蘋果股價已從上市價22美元跌到14美元。

這種情況不常發生,但發生的次數已多到小投資人經常有機會嘲笑那些以上市價買股的投資大戶。

公司創辦人不一定要在首次公開發行中賣出所有公司股票，正常情況下他們只會賣出部分持股，賈伯斯、沃茲尼克、馬庫拉就是這樣。他們留下大部分蘋果股票，這使他們在上市首日交易後的每人淨值都超過1億美元。對賈伯斯和沃茲尼克來說，四年前1,300美元的初始投資能有這樣的成果，算是相當不賴的回報了。（馬庫拉的投資是25萬美元——也是很不錯的投資。）

只有在資本主義體制下，後院發明家和大學中輟生才能創立事業，並發展成僱用數千人、繳納稅金，和讓世界變得更美好的公司。共產主義國家的人民從未有這種機會。

公司唯一從自家股票賺錢的機會就是公開發行時。當你買一輛二手克萊斯勒廂形車，對克萊斯勒沒有任何好處；當你在股票市場買一股克萊斯勒股票，對克萊斯勒也沒有好處。證券市場每週有數百萬股克萊斯勒股票換手，同樣對克萊斯勒也沒有益處。這些股票被持有股票的個人買進和賣出，就像人們彼此買賣二手車。錢直接從個人傳遞給另一個人。

只有當你買下新的克萊斯勒汽車時，公司才能從中獲利。同樣的，只有在發行新股時，公司才能從賣股獲利。公司可能終其一生只發行新股一次，亦即在IPO時；但它也可以再度發行所謂的「增資股」（secondary）。

年輕的公司

年輕的公司充滿活力、聰明點子，和對未來的希望。它富於期望，但缺少經驗。它擁有從公開發行籌得的資金，因此在這個階段很可

能不必操心支付帳單。它期望能在初次募得的資金用光前就能開始賺錢，但這一點誰也無法保證一定會實現。

在茁壯成長期間，公司能否生存還未有定數，許多壞事可能發生。公司可能有很棒的產品點子，但可能在製造產品並出貨到商店前，資金已經告罄。或者原本以為很棒的點子後來證明並沒有那麼棒，或者公司被某個宣稱更早有這點子的人控告盜用創意。如果陪審團同意原告的說法，公司可能被迫付出還沒賺到的數百萬美元。也可能那個好點子變成一項好產品後，卻未能通過政府的檢驗，所以不能在這個國家銷售。也許另一家公司設計出更棒的產品，功能更好、更便宜，或又好又便宜。

在競爭激烈的產業，公司隨時在淘汰彼此。電子業是個好例子。新加坡一座實驗室的一些天才，發明出一種更好的繼電器開關，並在六個月後推出市場，使其他製造商生產的舊繼電器開關乏人問津。我們不難了解為什麼新事業有一半會在五年內倒閉，還有為什麼大部分破產發生在競爭的產業。

由於有各種災難可能降臨一家尚處於高風險青少年期的公司，擁有股票的人必須藉著密切注視公司的發展，來保護他們的投資。你不能隨便買進股票後就不聞不問、忘掉它們，尤其必須密切注意年輕公司的每一步發展。它們通常處於危險階段，稍有不慎就會破產或倒閉。特別重要的是，要評估它們的財務實力——年輕公司最大的問題是資金耗盡。

當人們出去度假時，他們帶的衣服往往是實際所需的兩倍，但帶的錢卻只有一半。年輕公司在錢這方面也有同樣的問題：他們身邊的

錢太少。

現在講到優點：年輕公司從零開始，成長速度可以很快。它規模小、躁動不安，有很大的空間可以往各個方向發展。這是年輕公司動起來可以超越中年公司的原因，因為後者已經歷成長的衝刺期，過了顛峰狀態。

中年的公司

來到中年的公司比年輕公司穩定，它們已經建立信譽，也從錯誤中學到許多東西。它們的業務順利，否則也不會有今日的成就。它們已證明自己值得信賴，可能銀行裡有很多存款，並與銀行家建立起良好的關係，所以必要時它們可以借更多錢。

換句話說，它們已進入一個舒服的穩定模式。仍在成長，但不像過去那麼快速。它們必須努力保持身材，就像我們達到中年時都會做的事。如果讓自己放鬆太久，更精實、更凶悍的競爭者就可能冒出來挑戰它們。

公司可能出現中年危機，就像人一樣。過去做的事似乎已不再管用。它放棄舊常規，到處尋找新身份。這種危機很常見，蘋果就曾經發生。

在1980年底蘋果剛上市後，它推出一顆檸檬：蘋果三號（Apple III）。生產陷於停頓，等候解決問題，但為時太晚。消費者已喪失對蘋果三號的信心，甚至喪失對整家公司的信心。

一家企業最重要的莫過於信譽。一家餐廳可能有百年歷史，獎狀掛滿整個牆壁，但只要一次食物中毒，或一個新廚師搞砸了客人點的菜，一世紀的英名就付諸流水。因此為了從蘋果三號的慘敗復原，蘋果必須快速行動。於是管理部門的人頭滿地滾，好幾位主管遭降級。

蘋果開發新軟體，並在歐洲成立辦公室，部分電腦款式率先配備硬碟。往好的方面看，蘋果1982年的營收達10億美元；但壞的方面是，它的生意被主要對手IBM搶走。IBM正入侵蘋果的領土──個人電腦。

但蘋果未專注在最擅長的領域，反而嘗試切入IBM的領域──企業電腦市場──來還擊。蘋果設計出造型很時髦的麗莎（Lisa），配備新裝置滑鼠，但麗莎的銷售成績仍不理想。蘋果的盈餘大幅滑落，股價隨之重挫，在一年內跌了50％。

蘋果創立不到十年，已完全進入中年。投資人大失所望，公司管理階層壓力沉重，員工信心低落，紛紛跳槽其他公司。總裁馬庫拉辭職，前百事總裁史卡利（John Sculley）被延攬來解救危難。史卡利不是電腦專家，但他深諳行銷之道，而蘋果正需要行銷。

蘋果被分成兩個部門，麗莎和麥金塔（Macintosh）。兩個部門激烈競爭，麥金塔和麗莎一樣有滑鼠，其他方面也類似，但價格便宜許多，也更容易使用。很快公司就放棄麗莎，把所有資源投注在麥金塔上。公司買了電視廣告，並提出一個難以置信的提議：免費帶一台回家試用24小時。

訂單湧進，蘋果在三個月內賣出7萬台麥金塔，公司因為這項優越的新產品重回正軌。但辦公室裡仍騷動不安，賈伯斯與史卡利發生爭吵。

這是企業民主另一個有趣的面向：一旦股票落在大眾手中，公司創辦人就不一定能為所欲為。

史卡利做了幾項改變，解決了幾個問題，結果麥金塔達成了麗莎原本要達成的目標——搶進企業市場。新軟體讓它更容易與電腦網路中的其他麥金塔電腦相連。到1988年，麥金塔已賣出超過100萬台。

公司的中年危機會讓投資人大感困惑。如果股價已經下跌，投資人必須決定是否賣出以避免蒙受更大損失，或繼續抱緊股票，希望公司能東山再起。以後見之明來看，預測蘋果重新振作似乎理所當然，但在危機時，誰也沒把握能力挽狂瀾。

邁入老年的公司

20歲、30歲或50歲的公司已經度過它們最好的歲月，你不能怪它們很疲倦。它們已經歷過一切，什麼地方都去過了，大風大浪也都見識過了。

以伍爾渥斯（Woolworth）為例，這家公司已屹立超過一百年，數個世代的美國人從小就在伍爾渥斯買東西。伍爾渥斯的商店一度遍布全美每個城市，但那也是這家公司的成長空間用盡之時。

近來伍爾渥斯出現兩年未獲利的情況。它還能獲利，但再也無法像年輕時的獲利那麼驚人。你不能指望過去很會賺錢的老公司始終保持那股動力。少數幾家公司能辦到——例如箭牌、可口可樂、奇異和麥當勞——但它們是例外。

美國鋼鐵、通用汽車和IBM是昔日光環褪色的三個好例子——雖然IBM和通用汽車正要重振雄風。美國鋼鐵曾經不可一世，是地球上第一家10億美元營收的公司。鐵路公司需要鋼鐵、汽車需要鋼鐵、摩天大樓需要鋼鐵，而美國鋼鐵提供了60%的鋼鐵。在20世紀初，沒有任何公司像美國鋼鐵那樣支配鋼鐵市場，也沒有股票像美國鋼鐵那樣受歡迎。它曾是華爾街交易最活絡的股票。

當年若有雜誌要展現美國的力量和光榮，它們會刊登鋼鐵廠的照片，熔爐中燒著熊熊火焰，液體鐵漿像熔岩般倒進模具。當時美國是一個工廠的國度，許多財富和國力來自東部和中西部的工業城。

鋼鐵工業是充滿傳奇色彩的產業，而美國鋼鐵的繁榮期經歷兩次世界大戰和六任總統。股價在1959年8月攀至歷史高點108.875美元。

這是電子時代的開始，是工業時代與鋼鐵榮景的結束，也是投資人賣出美國鋼鐵、買進IBM的絕佳時機。但你必須是極有遠見和極度冷靜的投資人，才會知道要這麼做。畢竟，美國鋼鐵被認為是藍籌股（blue chip），受到華爾街的尊崇，且被期待能永遠保持卓越。很少人會料到，美國鋼鐵的股價在1995年會比1959年時低。

我們不妨參考道瓊工業指數的走勢，道瓊在1959年突破500點大

關，此後到1995年上漲超過4,000點。因此，在道瓊指數成分股上漲超過八倍的這段期間，美國鋼鐵卻一路走下坡。忠心的股東只能在死後上天堂等待美國鋼鐵恢復昔日的榮光。

這裡有個教訓或許可為你省下未來的遺憾。不管今日看來多強大，任何公司都不可能永遠保持領先。不管被稱為「藍籌股」或「世界級企業」，都無法挽救黃金時代已經過去的公司。就像被稱為「大」英帝國，也無助於扭轉英國的衰微。

在大英帝國喪失帝國後很久，英國人仍認為自己的國家和過去一樣強盛，就像美國鋼鐵的股東一樣。

國際收割機（International Harvester）支配農業機械設備市場半個世紀，但在1966年達到高峰後就未再恢復盛況，雖然該公司試著改名為納威斯達（Navistar）以改運。曼維爾（Johns-Manville）一度稱霸絕緣與建築材料界，在1971年達到顛峰。美國鋁業公司（The Aluminum Company of America, Alcoa）在1950年代備受華爾街寵愛，因為當時美國流行使用鋁箔、鋁板和鋁船，使公司股票在1957年漲至23美元（調整分割後價格）的高峰，但這價格直到1980年代才再度出現。

通用汽車是全球最大、藍籌汽車股中最藍的公司，在1965年10月達到巔峰，但也直到近三十年後才再度出現這個價位。今日，通用汽車仍是美國最大的公司，總銷售排名第一，但已經不是最賺錢的公司了。在1960年代某個時點，它的反應開始變得遲緩。

德國人帶著福斯（Volkswagen）和寶馬（BMW）登陸，日本人挾豐田和本田入侵。這波攻擊直指底特律，通用汽車卻遲於應戰。如果是較年輕、較有侵略性的通用汽車可能很快因應這些挑戰，可惜老年的通用汽車反應遲緩。

儘管看到外國製的小型車銷路大好，通用仍繼續製造大型車。如果要製造與外國車款競爭的新汽車，通用必須翻修過時的工廠，花費數十億美元。然而待翻修完成、小型車從通用的生產線開出時，大眾的偏好又已轉回大型車了。

美國的大型工業公司已有三十年不再那麼賺錢了，但如果你在1965年通用汽車的聲勢達到巔峰時預測這個結果，肯定不會有人相信。人們寧可相信貓王對嘴唱歌，也不會相信你的預測。

接著是IBM，在1960年代末達到中年，大約是在通用汽車沒落時。從1950年代初起，IBM就是一家表現傑出的公司，是一檔值得擁有的好股票。它有一流的品牌，是高品質的象徵——IBM的商標和可口可樂一樣著名。該公司以其管理方法獲獎無數，其他公司都研究IBM，向它學習如何管理營運。直到1980年代，它在暢銷書《追求卓越》（*In Search of Excellence*）中都還備受推崇。

各地的股票經紀人都推薦IBM是藍籌股中最藍的股票。對共同基金經理人來說，IBM是「非買不可」的，如果你沒有IBM股，一定是標新立異的投資人。

但發生在通用汽車的事，同樣也發生在IBM。投資人對IBM過去的

表現如此滿意，以致於他們忽視現在發生的事。人們不再購買IBM核心事業生產的大型電腦，大型電腦的市場已停止成長。IBM的個人電腦產品線遭各方製造低價品的競爭者攻擊，導致IBM盈餘滑落，不難想見的是，股價也跟著下跌。

看到這裡你可能好奇，為什麼還有人投資笨重、老舊的公司如IBM、通用汽車和美國鋼鐵？有幾個理由你可能這麼做，第一，大公司風險較小，它們通常沒有倒閉的危險；第二，它們較可能支付股利；第三，它們擁有高價值的資產，可能變賣獲利。

這些大公司曾盛極一時、稱霸市場，在過程中買下各種高價值的財產。事實上，研究一家老公司、分析其財務，可能就像翻尋一個有錢老姨婆的閣樓一樣刺激。你隨時可能在哪個黑暗的角落找出令人驚嘆的東西。

不管是土地、建築物、設備、存在銀行保險箱裡的股票和債券，或一路上收購的小公司，老公司都有價值不菲的「分拆價值」。股東就像年事已高的富孀婆的親戚，等著想知道誰會得到什麼。

老公司永遠有機會東山再起，就像全錄（Xerox）和美國運通（American Express）在過去幾年的表現一樣。

另一方面，當老公司一旦步履蹣跚或跌倒時，它們可能要花二十年或三十年才能重新恢復活力。耐心是美德，但如果你擁有這種盛況不再公司的股票，耐心不見得能獲得回報。

公司肥皂劇

公司之間隨時都在發生許多事，觀察它們就像一齣精彩的肥皂劇。它們不是結婚（所謂的「合併」〔merge〕），就是離婚（所謂的「脫售資產」〔divestiture〕或分割部門）。除此之外，還有「併購」，即一家公司併吞另一家。被併吞的公司不加抗拒時，稱為「友善併購」；如果抗拒被併購、嘗試擺脫這種安排，則稱為「敵意併購」（hostile takeover）。

這其實不是壞事。在企業界，併購公司被認為是可接受的行為。這牽涉領土之爭，因為當一家公司公開上市，它就再也無法控制被誰擁有。它可以嘗試保護自己免於被併吞，但很少有公司能完全抵擋被併購。上市公司有權併購別家公司，所以若有其他公司嘗試併購，它們不該太生氣。

不管是友善或敵意併購，被併購的公司將失去獨立，變成發動併購之公司的部門。卡夫（Kraft）就是個好例子。卡夫曾是獨立的乳酪製造商，任何人都可以買它的股票，個人、共同基金和退休基金都是它的股東，直到後來出現菲利普莫理斯（Philip Morris）。

菲利普莫理斯的董事會認為，他們只賣香菸的風險太大，所以開始收購製造其他產品的公司，例如乳酪和啤酒。他們很早就已買下米勒啤酒（Miller Brewing），後來又買下威斯康辛衛生紙（Wisconsin Tisue）、七喜（7 UP）和通用食品（General Foods）。1982年，他們買下恩滕曼公司（Entenmann's），跨入甜甜圈事業；到1988年又併購卡夫。

併購發生時，收購公司向被收購公司（在此例中即卡夫）的成千上萬名股東購買股票。通常發動併購的公司（在此例中是菲利普莫理斯）在「收購要約」（tender offer）中提出一個固定的價格。等菲利普莫理斯買到51％的卡夫股票後，交易已大勢底定，因為它控制了多數股權，之後要說服卡夫其餘49％的股東出售股票就容易多了。

友善併購短暫而甜蜜，如果一家公司本身表現不佳，股東將歡迎更換管理團隊。在大多數例子裡，他們會樂於出售持股，因為併購公司提出的價碼通常遠高於股市當時的股價。當交易宣布後，目標公司的股價可能在一夕之間翻漲一倍、甚至兩倍。

敵意併購可能演變成惡鬥、法院裡的長期纏訟，以及若有兩家以上的公司爭奪同一個目標，可能演出一場競價戰。這類爭鬥有持續數個月的例子。偶爾會發生跳蚤吞大象的例子，但通常是反過來，併購公司的規模大於被吞併的公司。

當大公司開始尋找併購對象時，通常是銀行裡的現金多到不知該如何處理。公司可以把多餘的現金，以特別股利或紅利的方式發放給股東，但管理公司的人會說，寄支票給股東的刺激比不上策劃一樁併購，並把多餘的現金投注在這件事情上。不管公司計劃併購哪一類事業，他們相信可以比目前的領導團隊管理得更好、獲利更高。所以這類交易不只牽涉到錢，也與自我意識有關。

最成功的合併與併購是參與的雙方都在同一個行業，或至少有相同

之處。在愛情，我們稱之為「尋找適配的夥伴」；在企業，我們稱之為能發揮「綜效」（synergy）的結合。

喬治亞太平洋（Georgia Pacific）是伐木業巨人，曾併購兩家較小的木材公司——普吉特灣紙漿木材公司（Puget Sound Pulp & Timber）、哈德遜紙漿紙業公司（Hudson Pulp & Paper）——藉以擴張營運。這是典型的「綜效」併購，因為三家都是木材業者。它們合併在一起獲益的原因就和男女從結婚獲益一樣——兩個人（在此例中是三家公司）一起生活的成本比單獨生活低。

另一個典型「綜效」的例子是賀喜在1960年代併購利斯糖果（H. B. Reese Candies）。這是一家知名的花生醬蛋糕公司和一家巧克力棒公司的策略結盟，兩家公司從此過著快樂幸福的生活。

百事併購肯德基炸雞、塔可貝爾（Taco Bell）、必勝客，以及數個其他品牌，都獲得很好的結局。速食餐廳和軟性飲料間有很明確的綜效，百事旗下速食餐廳的墨西哥餅、炸雞和披薩，搭配銷售許多百事可樂。

就菲利普莫理斯來說，要找到香菸、乳酪、啤酒、甜甜圈和衛生紙之間的綜效可能較難。但慢慢的你終於發現，菲利普莫理斯買了許多消費者熟悉的好品牌。

亨氏收購星琪鮪魚（Star Kist）、歐爾艾達馬鈴薯（Ore-Ida）和體重觀察公司（Weight Watchers）有一種諷刺的綜效。公司的一部分銷售雜貨食品，另一部分卻銷售控制飲食的產品。許多人嘲笑體重

觀察公司，但亨氏懂得如何打造品牌和在商店販售產品，結果是一炮而紅。

早期稱作莎拉李廚房的莎拉李公司（Sara Lee）大肆收購，買下布斯漁業公司（Booth Fisheries）、牛津化學（Oxford Chemical）和富勒刷子（Fuller Brush）；然後又買下伊萊克斯（Electrolux），跨入吸塵器事業。在當時，莎拉李賣的是蛋糕，和可以吸起地上蛋糕屑的設備，兩者要說有綜效實在太過牽強。不過莎拉李最聰明的一樁併購是買下黎格斯襪子（L'eggs），生產風靡半數美國婦女的絲襪產品。黎格斯是個成功的開始，讓莎拉李從此一帆風順。當一家公司收購一連串彼此很少或沒有關係的公司時，其結果是變成一個集團。集團在三十到四十年前很受歡迎，但不久後漸退流行，因為大部分結果都不如預期。集團的經理人發現，要跨行管理不同的事業並不容易。

集團化的世界紀錄可能非美國工業公司（U.S. Industries）莫屬，這家公司有一度幾乎每天都進行一樁不同的併購。另一個集團高手是海灣與西方公司（Gulf & Western）的布魯東（Charles Bluhdorn），他沒看過一家他不想併購的公司。他併購的公司多到他死時海灣與西方的股票大漲！股東相信新管理團隊會賣出布魯東併購的部分資產，並獲得可觀的利潤，而果真被他們料中。海灣與西方變成派拉蒙通訊公司（Paramount Communications），而派拉蒙後來又被維康（Viacom）併購。

還有一家美國罐頭公司（American Can）進行無數次併購，從多家礦業公司到古迪公司（Sam Goody）都網羅在內。整個集團後

來合併成美邦公司（Smith Barney）和商業信貸公司（Commercial Credit），並把集團名稱改為普美利加（Primerica）。普美利加向美國運通收購喜森（Shearson），並併入美邦。然後普美利加收購旅行家保險（Travelers Insurance），並把普美利加的名字改成旅行家集團（Travelers Group）。

最後是結婚次數比伊麗莎白泰勒（Elizabeth Taylor）還多的ITT。從1961年以來，ITT合併與收購的企業不下31家，後來賣出6家。併購的名單包括艾維士租車（Avis Rent-A-Car）、大陸烘焙（Continental Baking）、李維特家具（Levitt Furniture）、喜來登旅館（Sheraton Hotels）、康庭公司（Canteen）、伊頓石油（Eaton Oil）、明尼蘇達國家人壽、雷歐尼爾（Rayonier）、索普金融（Thorp Finance）、恆福保險（Hartford Insurance）和賓州石英砂（Pennsylvania Glass Sand）。ITT還買下凱撒世界（Caesar's World）和麥迪遜廣場花園。

在二十五年間，所有併購活動都對ITT沒有多大助益，股價表現平平。在1990年代，這家公司藉由削減成本和債務來自我改造，股價在1994-1995年間很快翻漲為三倍。ITT已宣布分割為三部分的計畫，凱撒世界和麥迪遜廣場花園就納入其中一個部分。

絕種的公司

每年都有許多公司死亡，有些年紀輕輕就夭折，它們試著跑得太快、太遠，借太多還不起的錢，終於挫敗而亡。有些中年過世，因為其產品有缺陷、款式太陳舊，以致於乏人問津。也許它們跨進錯

誤的行業，或在錯誤的時機跨入正確的行業；或更糟的是，時機和行業都錯了。大公司和小公司及年輕的公司一樣會死亡，美國棉花油公司、拉克利德天然氣（Laclede Gas）、美國精神（American Spirits）、鮑德溫機車廠（Baldwin Locomotive）、勝利留聲機（Victor Talking Machine）和萊特航空（Wright Aeronautical），都曾經又大又重要，足以納入道瓊工業指數，但如今都已不復存在，又有誰記得它們？史都德貝克（Studebaker）、納許（Nash）、哈德遜汽車（Hudson Motors）、雷明頓打字機（Remington Typewriter）和中央皮革（Central Leather）也步上相同的命運。

有個方法可以讓公司停止存在、但實際上並非死亡，那就是在併購中被其他公司吞併。另外，公司也經常藉由尋求破產保護以避免馬上死亡。

破產法院是公司無法償付債務、需要時間清理爛攤子時要去的地方。這些公司聲請破產法第11章的保護，讓它們可以繼續營運，並慢慢償付債務。法院指派信託人監督這個過程，確保牽涉的每個人都受到公平待遇。

如果是末期的病症，公司沒有希望恢復獲利，就可以聲請破產法第7章保護，這時企業就得關門，員工遣散回家，桌子、檯燈和文字處理機都搬走變賣。

通常在這類破產中，與公司有關的各方（員工、經銷商、供應商、投資人）會彼此爭奪剩下的資產。爭戰的各方僱用昂貴的律師爭取權利，律師收費很高，但很少讓債權人拿回所有該拿的錢。破產的

公司不會舉行葬禮，但激起的悲傷和痛苦絕不會少，尤其是失去工作的員工，還有血本無歸的債券和股票持有人。

公司對國家興盛與繁榮很重要，可惜沒有一個紀念堂可追悼逝去的公司。也許國家的歷史保護部門，可在這些滅絕的公司曾經營業的地方設立紀念碑。應該有一本書記述那些從經濟版圖消失的公司，描寫它們如何活躍、如何死亡，以及在資本主義的演進中扮演什麼角色。

經濟氣候

公司活在經濟氣候之中。公司仰賴外在世界生存，植物和人類亦是如此。公司需要穩定的資本供給，也就是所謂的貨幣供給（money supply）；需要有人購買製造的產品，有供應商提供產品的原料；需要政府讓其自由做生意，不課重稅令其不堪負荷，也不會用法規綁死它們。

當投資人談到經濟氣候時，他們指的不是晴天或雨天、冬季或夏季，而是公司必須競爭的外界力量。這些力量將決定公司賺錢或虧損，以及最終它們能存活或枯萎。

在80%的人口擁有農田或從事農業時，經濟氣候指的正是天氣，若乾旱曬死作物或大雨淹沒農田，農民就賺不了錢。當農民沒有錢時，地方的雜貨店就沒有生意可做，雜貨店的供應商亦然。但當天氣有利時，農田大豐收，農民的口袋裡裝滿現金。農民在雜貨店花錢買東西，把錢裝進雜貨店老闆的口袋。雜貨店老闆為店裡補貨，

再把錢裝到供應商的口袋，如此循環下去。

難怪天氣——不是股市——是街角午餐吧最熱門的話題。天氣對人的生計如此重要，所以《農民曆》（The Farmer's Almanac）多年來始終暢銷。今日你在暢銷書排行榜上找不到任何有關天氣的書，倒是有關華爾街的書經常上榜。

今日務農的人口不到1％，天氣已失去許多影響力。在企業界，人們已不甚重視氣象報告，反而較注意利率、消費者支出等來自政府和華爾街的報導。這些是影響經濟氣候的人為因素。

經濟氣候有三種基本情況：熱、冷、溫和。熱氣候讓投資人緊張，冷氣候讓他們憂鬱，人們想要的是溫和的氣候，也就是一切都恰到好處的「金髮女孩氣候」（Goldilocks climate）。但要維持「金髮女孩氣候」可不容易，多數時候經濟都朝向兩種極端之一發展：從熱到冷，然後再從冷到熱。

先談熱氣候。商業蓬勃發展，人們湧入商店，買新車、新沙發、新錄放影機，什麼都是新的。商品很快在貨架上流轉，商店僱用新店員應付購物的人潮，工廠加班以製造更多產品。當經濟達到最熱階段時，工廠生產的產品多到每個環節都堆滿貨物：商店、倉庫和工廠本身。商店業主都屯積更多貨品，以避免臨時補貨不及。

工作很容易找，任何符合一半資歷的人都找得到，報紙上的徵才廣告有好幾個大版面。經濟正熱的時候，是青少年和大學應屆畢業生進入勞動市場的最佳時機。

這聽起來是很完美的狀況：各行各業都在賺大錢；申請失業救濟的隊伍縮短許多；人們感覺富足、充滿信心、工作有保障。這是他們看到什麼就買的原因。但在金融世界裡，熱經濟被認為是壞事，會讓華爾街的專業投資人忐忑不安。如果你注意商業新聞，你會讀到像這樣的標題：「經濟強勁，國家富裕，股市下跌100點。」

熱經濟的主要疑慮是過度繁榮會導致通貨膨脹——也就是物價上漲。產品和服務的需求很高，導致原料短缺，甚至勞動力不足。只要任何東西出現匱乏，價格通常會隨之上漲。汽車製造商必須花更多錢買鋼鐵、鋁等原料，所以他們也提高汽車的售價。當員工感覺高物價的壓力時，他們要求提高薪資。

一物漲價會抬高另一物的價格，企業和員工也競相把上漲的價格轉嫁給他人。公司支付更多錢在電力、原料和工資上；員工領到更高的薪資，卻未享受到好處，因為他們買的一切東西都比過去昂貴。房東也提高租金彌補增加的成本。很快的，通貨膨脹失去控制，物價以每年5%的速度上漲，然後10%，或者在更極端的例子裡達到20%。從1979年到1981年，美國每年的通貨膨脹都達到雙位數比率。

新商店紛紛開張，各地的工廠也加緊擴張，許多公司借錢支應它們的營建計畫。另一方面，許多消費者用信用卡借錢支付他們買的所有東西。以上情況導致對銀行的貸款需求增加。

看到人們大排長龍等著貸款，銀行和金融公司也隨著汽車製造商和其他行業的腳步，提高價格——在放款時收取較高的利率。

不久後，資金的價格也隨著一般物價上漲——只有股票和債券的價格下跌。投資人賣出股票，因為他們擔心公司賺錢的速度趕不上通貨膨脹。在1970年代末和1980年代初的通貨膨脹時期，股票和債券價格都大幅滑落。

熱經濟無法長久維持，到最後，資金成本升高會導致熱經濟崩潰。房屋貸款、汽車貸款、信用卡貸款和所有貸款的利率全面上揚，導致少有人買得起房屋和汽車。所以人們保持現狀，延後買新房，或者繼續開他們的老爺車，暫時不買新車。

突然間，汽車業不景氣了，底特律賣不掉最新款汽車的龐大庫存。汽車製造商打折促銷，價格開始下滑。成千上萬名工人遭裁撤，申請失業救濟的人龍變長了。沒工作的人沒錢買東西，開始緊縮開支。

人們不到迪士尼世界度年假，反而窩在家裡看迪士尼電視頻道。這對奧蘭多（Orlando）的旅館業有不利影響。人們不買新款秋裝，只穿去年的衣服湊合，這對服裝業也有不利影響。商店流失顧客，賣不掉的產品堆積在貨架上。

所有的價格都在下跌，各層級的企業無不嘗試提振營收。裁員的消息每天傳出，申請失業救濟的行列出現更多新面孔，更多空蕩的商店，更多家庭削減支出。經濟從熱到冷只有數個月的時間。事實上，如果經濟再冷下去，整個國家就有掉進經濟深淵的危機，也就是所謂的衰退（recession）。

下表呈現從二次世界大戰以來的所有衰退。你可以看出它們平均持續11個月，平均每次導致162萬人失業。

在衰退期間，商業從糟糕變成可怕。銷售軟性飲料、漢堡、藥品等民生必需品或平價產品的公司，可以安度衰退。銷售汽車、冰箱和房屋等高單價產品的公司，較難熬過衰退期間。它們可能損失數百萬、甚至數十億美元，除非它們在銀行有足夠現金可撐過艱困時期，否則可能有倒閉的風險。

許多投資人學到如何讓投資組合對衰退免疫。他們只買麥當勞、可口可樂或嬌生這類傾向在冷經濟氣候表現良好的「消費者成長」公司股。他們避開通用汽車、雷諾茲金屬（Reynolds Metals）或美國住宅公司（U.S. Home Corp），這些是「景氣循環」類公司，會在冷經濟氣候中吃苦頭。「景氣循環」類公司不是賣昂貴的產品、或為昂貴產品製造零件，就是生產用於昂貴產品的原料。在衰退期間，消費者會停止購買昂貴的商品。

對公司及其投資人最有利的情況是「金髮女孩氣候」：不太熱，也不太冷。但每當我們進入「金髮女孩氣候」時，它總是無法持久。大多數時候經濟不是正在變熱，就是正在變冷，雖然各種跡象十分混淆，往往很難分辨正朝向什麼方向。

許多情況政府無法控制，尤其是天氣。但政府對經濟氣候可發揮很大影響力。從戰爭到對抗貧窮等聯邦政府的職責中，最重要的可能是避免經濟太熱或太冷。如果沒有政府，我們可能早就再次陷入大蕭條。

衰退期間非農就業人口變化

衰退期 （起迄年／月）	持續時間 （月數）	就業增減 （萬人）	百分率
1948/11-1949/10	11	-226	-5.0%
1953/07-1954/05	10	-153	-3.0%
1957/08-1958/04	8	-211	-4.0%
1960/04-1961/02	10	-125	-2.3%
1969/12-1970/11	11	-83	-1.2%
1973/11-1975/03	16	-141	-1.8%
1980/01-1980/07	6	-105	-1.2%
1981/07-1982/11	16	-276	-3.0%
1990/07-1991/03	8	-135	-1.2%
平均	11	-162	-2.5%

資料來源：美國勞工部勞工統計局、國家經濟研究局（NBER）。

擴張期間非農就業人口變化

擴張期 （起迄年／月）	持續時間 （月數）	就業增減 （萬人）	百分率
1946/01-1948/11	34	+535	+13.5%
1949/10-1953/07	45	+758	+17.7%
1954/05-1957/08	39	+406	+8.3%
1958/04-1960/04	24	+383	+7.5%
1961/02-1969/12	106	+1775	+33.2%
1970/11-1973/11	36	+754	+10.7%
1975/03-1980/01	58	+1431	+18.7%
1980/07-1981/07	12	+173	+1.9%
1982/11-1990/07	92	+2105	+23.7%
1991/03-1995/06	51	+813	+7.5%
平均	50	+913	+15.0%
計算至1990/07	50	+924	+14.3%

資料來源：美國勞工部勞工統計局、國家經濟研究局（NBER）。

聯邦政府的規模已經比大蕭條時代大很多。在當時，聯邦政府沒有多大的經濟影響力，沒有福利制度，沒有社會安全計畫，沒有住宅部門，也沒有今日的數百種政府機構。在1935年，整個聯邦預算只有64億美元，約占全美經濟產值的十分之一。今日（1995年）的聯邦預算為1.5兆美元，占總經濟近四分之一。

我們不久前才跨過一個重要的分水嶺：1992年，在地方、州級和聯邦政府工作的人，比在製造業工作的人還多，這個所謂的公共部門支付這麼多薪水、挹注這麼多錢到經濟裡，所以能避免經濟陷入衰退。不管景氣是好是壞，數百萬名政府僱員、領社會安全救濟金者，和社會福利的受益者，都還有錢可花。如果有人被裁員，他們可以領數個月的失業保險金，並利用這段期間找工作。

此種情況的負面影響是，政府的負擔沉重，龐大的預算赤字耗盡投資資金，使經濟無法快速成長。好事做得太過，就成了壞事。

主管經濟氣候控制的機構是聯邦準備體系（Federal Reserve System），又稱聯邦準備理事會（Fed，簡稱聯準會），它有一套特殊的方法可為冷加熱、為熱降溫──透過增加或減少貨幣供給。儘管這是極重要的職責，但很少人知道聯準會如何運作。

根據數年前的調查，有人以為聯準會是國家公園，還有人說是威士忌品牌。事實上，它是控制貨幣供給的中央銀行。每當經濟太冷時，聯準會就做兩件事。聯準會會降低銀行向政府借錢時支付的利率，這會促使銀行也降低向顧客收取的利率，讓人們負擔得起借更多錢，買更多房子和汽車。於是經濟開始加溫。

聯準會也會直接挹注資金到銀行體系，以便銀行有更多錢可以放貸。挹注資金也會導致利率降低。在某些狀況下，政府可以藉由花更多錢來刺激經濟，就像你花更多錢在商店採購一樣。

如果經濟過熱，聯準會可採取相反的方法：提高利率、減少銀行體系裡的資金。這會導致貨幣供給萎縮，利率攀升。發生這種情況時，銀行貸款的成本變高，許多消費者負擔不起，因而停止買車買房。經濟開始冷卻，企業生意減少、員工失業，商店變得冷清，不得不降價來吸引顧客。

到了某個時點，經濟已完全冷透，聯準會再度介入，嘗試為它加溫。這個過程不斷循環，華爾街無時無刻不在操心這事。

在過去五十年，我們經歷九次衰退。所以在你一生中，可能經歷一打以上的衰退。每次衰退發生時，你會聽到記者和電視評論員說國家即將崩潰，擁有股票的風險太高。但我們不能忘記一件事：從大蕭條以後，我們安然度過每一次的衰退。從前面的表格可見，衰退平均持續11個月，失去162萬個工作；而復甦平均持續50個月，創造924萬個工作。

老練的投資人知道，股價可能因為預期衰退而下跌，或因為華爾街擔心通貨膨脹，但嘗試預測這兩種不利的情況都沒有意義，因為經濟氣候無從預測。你必須有信心，通貨膨脹最後一定會冷卻下來，而衰退一定會觸底回升。

牛市與熊市

在平常的交易日中，許多股票價格會上漲，其他股票則下跌。但偶爾會像獸群狂奔一樣，數千檔股票朝同一個方向奔跑，像潘普洛納（Pamplona）的奔牛節一樣。如果獸群往上奔跑，我們稱為「牛市」（bull market）。

當牛群狂奔時，有時十分之九的股票每週創新高價。人們搶進買得到的任何股票。他們和股票經紀人說的話比和最好的朋友還多。沒有人想錯過大好行情。

只要好行情持續，數百萬名持股人每天都很開心。他們在洗澡時唱歌，工作時吹口哨，扶老太太過馬路，每天晚上睡覺時細數投資組合的獲利，感謝老天的恩賜。

但牛市（又稱多頭市場）不會永遠持續，狂奔的獸群遲早會開始跑下山。股價將下跌，每週有十分之九的股票創新低價。在上坡路上爭搶買股票的人們，在下坡時一路拋售持股，唯恐晚一天賣股票就會賣不出去了。

當股價從上一個高峰下跌10％時，我們稱為「修正」（correction）。我們在20世紀（截至1995年）出現過53次修正，平均每隔兩年就有一次。當股價下跌超過25％就稱為「熊市」（bear market，又稱空頭市場）。在53次修正中，有15次轉變成熊市，平均每六年一次。

沒人知道誰創造「熊市」這個詞，但把熊牽扯到金融損失，對牠們

有點不公平。華爾街方圓50哩內沒有一隻熊，除非你把紐約動物園的熊算在內，而且熊不會像股票在熊市那樣直線下墜。把熊市改稱為旅鼠市（lemming market）還比較有道理，用來形容投資人跟隨別人一起拋售股票十分恰當。

「爸爸熊市」（Papa Bear market）從1929年開始，我們在前面已討論過。在1973-1974年的「媽媽熊市」（Momma Bear market），股票平均下跌50%。1982年還有一次熊市，接著是1987年的崩盤，道瓊指數在幾個月內下跌超過1,000點，其中包括在一天內跌掉的508點。1990年有「海珊熊」（Saddam Hussein bear），投資人因擔心波斯灣戰爭而大賣股票。但這些晚近的熊市都比1929年和1973-1974年的大熊市容易應付得多。

持久的熊市可以測試每個人的耐心，混淆沒有經驗的投資人。不管你多擅長選股，你的股票都會下跌，而每次你以為底部已經出現，它們都會再往下跌。如果你持有共同基金的股票也無法倖免，因為共同基金股票也會下跌，其命運取決於基金的持股。

在1929年高點買股票的人（幸好只有少數人），必須等待二十五年股價才會回升到當時的水準。想像你的股票虧損二十五年！從1973-1974年崩盤之前的1969年高點算起，股價過了十二年才又回到相同水準。也許我們再也不會看到像1929年那麼嚴重的空頭市場——也就是大蕭條之前的崩盤。但我們不能輕忽像1973-1974年的空頭市場再度來臨，這波空頭後股價回升的時間也長到小孩從進小學直到高中畢業。

投資人無法避開修正和空頭市場，就像北方人無法避開暴風雪一

樣。在持有股票的五十年間，你可能經歷25次修正，其中8次或9次會演變成空頭市場。

如果能事先獲得警訊那該有多好，這樣你就能在空頭市場來臨前賣出股票和共同基金，把資金留待股票變便宜後再買進。問題是，沒人想出預測空頭市場的方法。預測空頭市場的準確度，和預測衰退不相上下。偶爾有人會正確預測空頭市場來臨，然後在一夕之間聲名大噪──名叫葛莎雷莉（Elaine Garzarelli）的分析師就因預測1987年的崩盤而出名。但你絕不會聽到有人連續料中兩個空頭市場。你聽到的只是成群的「專家」喊著「熊來了」，卻看不到熊的蹤影。

既然我們都習於採取行動保護自己免於暴風雪和颶風侵襲，所以嘗試採取行動保護自己免於空頭市場之害也很自然，儘管這時像童子軍那樣做準備反而有害無益。投資人因嘗試預測修正所導致的虧損，遠超過修正本身帶來的損失。

投資股票的大忌之一是頻繁進出股票或股票共同基金，期待避開修正的來臨。另一個錯誤是，在你投資股票前坐擁現金等待即將來臨的修正。人們往往因為嘗試預測市場時機以逃避空頭市場，而錯失把握多頭市場的機會。

回顧1954年的標準普爾500指數，就可看出在股票大躍進的短暫時期沒有抱緊股票的代價有多高。如果你在過去四十年間隨時把錢投入股票，你的年投資報酬率將達到11.5％。但如果你在四十年間的40個獲利最佳月份不投入股票，你的投資報酬率將跌到2.7％。

我們在前面解釋過這些，但這值得再說一次。以下是另一個明顯的統計數字。從1970年開始，如果你幸運地每年都投資2,000美元在市場的高點，你的年報酬率是8.5％。如果估算市場時機很完美，把每年的2,000美元投資在市場低點，你的年報酬率是10.1％。所以最好和最差的市場時機預測，其差別僅有1.6個百分點。

當然，你喜歡很幸運，能多賺1.6個百分點；但即使你沒算準市場時機，報酬率也還不錯，只要你繼續投資股市。買進好公司的股票，不管市場好壞都抱緊它們。

空頭市場的問題有個簡單的解決辦法。擬訂一個買進股票或股票共同基金的時間表，每個月固定投資一小筆錢，或每四個月、每六個月投資一次。這會省掉你操心多頭或空頭市場的問題。

4 | 看不見的手

誰是富人，他們如何致富

每年《富比世》（*Forbes*）登出美國400大富豪的名單，這主題受商界人士矚目的程度，不下於運動迷喜愛《運動畫刊》（*Sports Illustrated*）泳裝專輯。這份名單很吸引人，因為它告訴你這些富豪是誰，他們如何致富，從中並可窺見美國長期以來的演變。

當《富比世》1982年首度刊登這份名單時，榜首是船運大亨陸得維格（Donald K. Ludwig）；其後是蓋帝（J. Paul Getty），他靠著老方法致富──繼承。前十大富豪中有五位是韓特（Hunt）家族的成員，他們在德州到處鑽洞，發現大量石油；這令我們想起億萬富翁蓋帝的名言：想要出人頭地就得早起、勤奮工作、發現油礦。

這份最早的富豪名單裡有來自洛克斐勒家族、杜邦家族的成員，還有一位來自佛利克（Frick）家族，一位惠特尼（Whitney）、兩位美隆（Mellon）──都是可追溯至19世紀的有錢家族。「繼承」兩字出現在簡介欄的次數不下65次，而除了65位繼承人外，至少還有12名兒子或女兒在家族企業占據重要職位。

1993年的名單上已不像1980年代有那麼多舊富豪家族成員了，這讓我們得到兩點有關美國財富的結論：第一，要守住財富並不容易，即使是億萬富豪也是如此。遺產稅會吃掉任何從上一代傳給下一代鉅額財富的一大塊。除非繼承人做好謹慎、明智的投資，否則他們虧損龐大財富的速度可能像祖先當初賺錢的速度一樣快。

第二，美國仍然是機會的國度，聰明的年輕人像微軟的蓋茲可以登上富比世富豪名單，超越洛克斐勒家族、蓋帝家族和卡內基家族。

1993年的名單上超越蓋茲的只有巴菲特，他靠著聰明的選股賺進他的100億美元。巴菲特是歷史上第一位成為美國首富的選股人。

巴菲特遵守一個簡單的策略：沒有花招、不騙人、不玩弄市場，只是買進好公司的股票，並抱住它們，直到讓人感到很無聊。但成果卻一點也不無聊：如果你跟著巴菲特從四十年投資生涯的開頭投資1萬美元，到今日價值將達到8,000萬美元。大多數獲利來自你聽過、而且可以自己買進的公司股票，例如可口可樂、吉列（Gillette）和華盛頓郵報（Washington Post）。如果你有天開始懷疑擁有股票是否明智，只要再看一次巴菲特的績效就能讓你堅定信心。

如果把杜邦家族算成一個人，1993年的美國400大富豪只有43人是靠繼承致富。我們看到昔日大亨的子孫較少上榜了，取而代之的是更多白手起家，靠著自己努力、運氣和好點子攀上財富高峰。赫爾姆斯利（Harry Helmsley）是黎歐娜（Leona Helmsley）的丈夫，也是多家旅館的老闆，他從房地產公司的收發室職員展開他的職涯；音樂鉅子葛芬（David Geffen）原本在莫里斯經紀公司（William

Morris）當工友；把麥當勞擴建成速食王國的柯洛克（Ray Kroc）從牛奶攪拌機的推銷員起家；沃爾瑪創辦人華頓（Sam Walton）最早是JC潘尼百貨（J.C. Penny）的訓練員；裴洛（H. Ross Perot）曾是IBM的銷售員。此外還有贈品兌換券大王卡爾森（Curtis Leroy Carlson），他是瑞典移民雜貨店老闆之子，曾把他的送報路線發包給兄弟賺取微薄的差價；也曾為寶鹼賣肥皂，每月賺110美元。後來貸款50美元創立黃金債券贈品兌換券公司（Gold Bond Trading Stamp Company）。

多得出乎意料的中輟生擠上400大富豪排行榜，排在最前面的是微軟科技神童蓋茲，他離開哈佛，專心設計軟體，他發明的作業系統現在安裝在世上絕大多數的個人電腦上。

還有柯寇瑞安（Kirk Kerkorian），他是亞美尼亞移民果農之子，高中沒唸完就離開學校了；前面提到的唱片製作人葛芬是大學中輟生；艾倫（Paul Allen）與蓋茲共同創辦微軟，他從華盛頓州立大學休學；透納傳播（Turner Broadcasting）的創辦人透納（Ted Turner）被布朗大學退學，但後來回去念研究所；甲骨文電腦的艾里森（Lawrence J. Ellison）是伊利諾大學的中輟生；梅多克（David Howard Murdock）靠房地產和企業併購致富，他是推銷員之子和高中中輟生；辛普洛特（John Richard Simplot）賣炸薯條用的馬鈴薯給麥當勞，他從八年級就離家並輟學，找到一份篩選馬鈴薯和餵豬的工作；惠仁嘉（Harry Wayne Huizenga）也是大學中輟生，他用一輛破舊的老卡車創立廢棄物管理公司（Waste Management），到31歲時已是全世界最大的垃圾處理業者。然後他把注意力轉向一家達拉斯的錄影帶店，將其打造成百視達公司（Blockbuster Video）。

別學這些人從學校輟學。在他們開創事業的年代，還有可能不需要大學教育就能找到不錯的工作——在今天這幾乎不可能。還有，他們每個人都精通必需的基本技術，才能在事業上出人頭地。他們退學不是為了逃避工件，而是為了開創一家公司，或追求他們的興趣。

今日要賺進10億美元的方法有百百種：汽車零件、單柄水龍頭、黃頁、咖啡奶精、塑膠杯、翻修輪胎、塑膠工業廢棄物、快速苗條（Slim-Fast）、平恩高爾夫俱樂部（Ping Golf Clubs）、高風險汽車保險、免稅商店、嘉年華遊輪、披薩加盟連鎖店（達美樂〔Domino's〕和小凱薩〔Little Caesar〕）和租車代理。名單上甚至還有律師，靠打醫療賠償官司致富。

有些帶進億萬財富的創意在是地下室孕育的，或從小鎮的商店開始，靠極少的預算發跡。電腦巨人惠普的第一批產品是以價值538美元的電子零件在帕卡德的車庫組裝成的；沃爾瑪源自阿肯色州新港一家五美分商店，後來因為房東不續租而在班頓維爾（Bentonville）重新開張；安麗（Amway）從一個地下室發跡，狄弗斯（Richard Marvin De Vos）和安德爾（Jay Van Andel）以他們向底特律一位化學家買的配方，在那裡製造可生物分解的肥皂。

這群坐擁龐大財富的人當中，只有31人靠房地產致富、18人靠石油發跡，所以蓋帝的座右銘用在今日已不如以往適用。有幾位億萬富豪（例如史華伯〔Charles Schwab〕）藉開創證券經紀公司和共同基金公司致富；另有約30人因有線電視和媒體業而致富；至少有20人從事電子和電腦業。

1982年至今最大的改變是400大富豪的財富規模。在當年，只要財富1億美元就可登上排名，如今至少要3億美元才能勉強擠進榜尾。在排名前端，有25人的淨值超過20億美元，而在1982年超過20億美元的只有5個人。

費滋傑羅（F. Scott Fitzgerald）曾寫過，富人「與你我不同」，但你從富比世名單上無法證實這種說法。名單上有各式各樣的富人——矮的、胖的、高的、帥的、醜的、智商高的、智商不怎麼高的、愛花錢的、吝嗇的、儉約的、大方的。你會驚訝有這麼多人在發財後還保持節儉的舊習慣。沃爾瑪的億萬富豪華頓在1992年逝世，他只要拿出一點零頭就能買下一整隊大禮車，但他繼續開著一輛破舊的雪佛蘭，駕駛盤上還有狗咬的痕跡。他可以搬到巴黎、倫敦、羅馬和其他《富豪名人生活》（*Lifestyles of the Rich and Famous*）的拍攝地點，但他和妻子仍住在阿肯色州班頓維爾老家——只有兩間臥室的屋子。

巴菲特是另一個沒有讓財務成功阻止他住在家鄉內布拉斯加州奧馬哈的富豪，他至今仍享受看好書、打橋牌的單純快樂。快捷半導體創辦人暨英特爾（Intel）共同創辦人摩爾（Gordon Earle Moore）每天開著他的老舊小貨卡到辦公室。有許多白手起家的百萬富翁和億萬富豪仍過著樸素的生活，避免出名，即使他們無須為支付帳單煩惱，卻仍然每天辛勤工作。「過著平靜的生活」和「避開媒體」是經常用來描述富比世400大富豪的詞句。

這些人仍做著讓他們致富的事，而我們可以從中學到寶貴的一課：尋找你真正喜歡做的事，然後全力以赴，錢自然就會跟著你。到最

後，你的成就終於讓你可以後半輩子躺在游泳池畔喝飲料，但你很可能不會這麼做。你會因為太過享受在辦公室的樂趣，而不願停止工作。

可口可樂是如何發跡的

上帝不是有天往下看世界，說「要有可口可樂」，然後就有了可口可樂。造物者和可口可樂沒有半點關係，除非你認為祂在創造彭伯頓博士（Dr. John Styth Pemberton）時就想到可口可樂。彭伯頓1869年從喬治亞州哥倫比亞市遷到亞特蘭大，他在年紀大到足以吸引聽眾時就開始賣成藥了。

這是在美國有廣告法和食品藥物管理局（FDA）可監管人們吃或喝的產品之前的事。所以當然沒有人能阻止彭伯頓摻一大堆原料（其中一項主要原料是酒精）在家裡的浴缸，然後把他的配方裝在瓶中，當成萬靈丹賣給大眾。

彭伯頓的產品包括印地安女王染髮劑、染料、肝病藥丸，和一種異國風味的混合成分──包括糖、水、古柯葉的萃取物、可樂果和咖啡因。標籤上寫著這是一種「補腦藥、能治療各種神經痛」的藥水，且彭伯頓在他的推銷中宣稱，這藥水能醫治頭痛、歇斯底里和憂鬱症，並讓顧客感到精神愉悅。這就是原始的可口可樂。

彭伯頓在第一年花了73.96美元打廣告，但他只賣出50美元的可樂糖漿，所以消費者其實並不相信他的推銷詞。五年後，消費者還是不買，而彭伯頓已厭倦於說服他們。所以他把配方、設備、古柯葉和可樂果賣給亞特蘭大的藥劑師坎德勒（Asa Candler）。坎德勒花

了2,300美元買下所有東西。

坎德勒是個教徒，他寧可說實話而不像彭伯頓那樣天花亂墜。他把古柯葉從配方中去除，所以到了1905年，可口可樂已完全不含古柯鹼。他做對了這件事，因為在1914年古柯鹼被禁用後，人們可能因為喝可樂而被送進牢裡。修改過的可樂配方是美國保守得最嚴密的秘密，至今仍安全地存放在喬治亞信託公司（Trust Company of Georgia）的地窖裡。

坎德勒也改變標示，刪除「補腦藥」、「能治療神經痛」以及其他可疑的宣傳。1916 年，他發明了曲線瓶，至今世界上大部分人一看就馬上能辨認那是可口可樂。

在坎德勒的工廠裡，可樂果、糖、水、咖啡因——加上他自己的一些秘密成分——在一個巨大的鍋爐裡煮，用巨大的木漿攪拌，直到它們變濃稠成為糖漿。這些糖漿被送到藥店，由藥劑師添加會起泡泡的蘇打水，成了給坐在櫃檯前的人喝的可樂。喝可樂變得如此受歡迎，以致於藥劑師必須請幫手——稱為「蘇打販賣員」（soda jerk）——專門倒糖漿和加氣泡水。這成了美國各地成千上萬名青少年放學後打工賺錢的方法。

1916年，國會對企業課徵新稅，坎德勒十分生氣。為了避免從他的可樂獲利支付更高的稅，他以2,500萬美元，把公司賣給亞特蘭大的銀行家厄尼斯特・伍德魯夫（Ernest Woodruff）。他的兒子羅伯特・伍德魯夫（Robert Woodruff）當上可口可樂總裁。

伍德魯夫買下公司後不久，可口可樂公司便公開上市。1919年，他

們以每股40美元賣出100萬股。這是一檔很多人後悔買下的股票，尤其是在糖漿的成本大幅飆漲後。氣憤的裝瓶廠工人抗議價格上漲，揚言要取消與公司的合約。訴訟案接踵而來，可口可樂的銷售下降，公司在破產邊緣蹣跚而行。

拜羅伯特大幅削減成本所賜，可口可樂又撐過一段時間，直到大蕭條來臨。這對大多數公司來說是一段可怕的時期，但對可口可樂卻十分有利。雖然人們只有一點錢可花，而且許多人不買新鞋子、新衣服等東西，但他們還是繼續喝可樂。

有個很有用的建議可以給投資人：要像一隻尋血獵犬那樣，不理會其他東西，而專注於鼻子嗅到的證據。經濟在1930年代惡劣到極點，但由於可口可樂很賺錢，股價從1932年的20美元漲到1937年的160美元。想像當你週遭的人都預測世界末日即將到來時，你的投資卻翻漲了八倍。

羅伯特管理可口可樂公司三十年，他極力躲避記者，儘量避免名字出現在報紙上。他有好幾棟房子，而且至少有一座大牧場；但除此之外，以億萬富豪的標準來說，他過著相當儉約的生活。顯然他從來不閱讀書籍，也很少聽音樂或看畫展，除非畫裡有野鴨或鹿在裡面。他會舉辦宴會，但只在逼不得已時才舉辦。

可口可樂不但從大蕭條這場災難獲益，另一場災難——第二次世界大戰——也讓它大發利市。全世界的人都看到美國大兵喝可口可樂，他們決定仿效這些英雄。美國大兵是商業廣告史上最有效的免費廣告贊助人。

經過二戰後，可口可樂變成第一家真正的跨國公司。可口可樂華麗的紅色看板在世界六大洲的牆壁和建築上都看得到——有時它們被用來掩飾建築上的孔洞。可口可樂變成美國生活方式的象徵，這也是俄羅斯的共產黨恨它的原因。（在1970年代，俄國領導人和百事可樂簽合約！）美國的飛彈瞄準俄國，俄國飛彈也瞄準美國，不只如此，他們還擔心被一種軟性飲料入侵。法國的共產黨甚至嘗試禁止可口可樂。

要得到擁有可口可樂股票的所有好處，你必須耐心等候二十年，直到1958年股價再度大躍進。在1958年價值5,000美元的可口可樂股票，到1972年的價值將近10萬美元。人生中沒有多少機會可以在十四年間把5,000美元變成10萬美元，除非你贏了彩券或做什麼違法的勾當。

在1972年的崩盤中，可口可樂與其他股票一起受害，很快跌掉63％，直到三年後才漲回來。再一次的，耐心獲得報償，股價再度飛漲，可口可樂把1984年時的5,000美元變成1994年的5萬美元。

在共產主義和可口可樂之間的戰爭中，可口可樂獲得全面勝利。因為當共產主義破產後，可口可樂仍然生意興隆。結果證明，它最大的威脅不是俄國人，而是百事公司。

回想在1930年代，可口可樂原本可以用極低的價格買下在破產邊緣掙扎的百事，但它沒這麼做。五十年後，百事再度成為可口可樂的威脅。1984年，百事在美國市場的銷售超越可口可樂，可口可樂總部的主管被迫反擊。在雙方激烈戰鬥中，他們發明了健怡可樂，從此改變了軟性飲料業，並為人類的腰圍減輕了數百萬磅的重量。如

果沒有來自百事的競爭壓力，可口可樂可能永遠不會想到健怡可樂。

伍德魯夫的時代在1950年代中期結束，羅伯特‧伍德魯夫退休後以捐獻他賺得的錢打發時間。他捐出數億美元給醫療中心、藝術中心和埃默里大學（Emory University），他還捐出在亞特蘭大興建疾病防治中心（Center for Disease Control and Prevention）的用地。他對亞特蘭大藝術聯盟中心慷慨解囊，雖然他從不喜歡參觀博物館或聽交響樂。他的捐獻有許多是匿名捐出，但大家猜想是伍德魯夫捐的──否則在亞特蘭大有誰那麼有錢、又如此慷慨？他們稱他為「無名氏先生」。

高茲耶達（Roberto Goizueta）在1981年接掌可口可樂，並擔任董事長。他和可口可樂前任總裁齊歐（Don Keough）變成最佳拍檔，他們推動國際銷售，讓195個國家的人喝可口可樂像喝水一樣普遍。

高茲耶達本身就是個傳奇故事。他來自古巴一個富農家族，許多財產在卡斯楚的革命中被沒收。他在古巴為可口可樂工作，卡斯楚掌權後他被調派到巴哈馬的可口可樂辦公室。然後他從那裡再調至亞特蘭大可口可樂總部，並一路晉升到公司最高主管。

可口可樂在世界各地受歡迎的情況似乎沒有止境，但華爾街經過好久的時間才發現這一點。部分「專家」到現在還無動於衷。

箭牌如何崛起

瑞格理（William Wrigley Jr.）1891年離開費城到芝加哥，在他父親

的肥皂公司當推銷員。除了肥皂，這家公司也製造烘焙發粉，而為了促銷發粉，他們會免費贈送烹飪食譜。這種烘焙發粉大受歡迎，他們決定放棄肥皂業務。

有一度他們停止贈送烹飪食譜，改送口香糖。這種口香糖又大受歡迎，所以他們又放棄烘焙發粉，改賣口香糖。

瑞格理的荷蘭薄荷口香糖在1893年問世，但和可口可樂一樣，並不是一開始就大紅大紫。不過，到了1910年，它已經成了美國最受歡迎的品牌。1915年，為了進一步提振銷售，瑞格理寄給美國電話簿上登錄的每個人一份免費樣品。

康寶濃湯

約翰・多蘭斯（John T. Dorrance）博士是個化學迷，他拒絕四所大學的教授職聘約，到他叔叔亞瑟（Arthur Dorrance）與康寶（Joseph Campbell）擁有的肥皂公司工作。多蘭斯發明製造濃縮肥皂的製程，然後買下他叔叔的股份，變成公司唯一的業主。顯然他叔叔做了一個錯誤的決定，因為康寶公司的盈餘繼續成長，到今日變成一家年營收114億美元的公司。

多蘭斯在閒暇之餘是個狂熱的選股人，他聽從股票經紀人的建議，在1929年之前賣光他的股票。這是股票經紀人有史以來給過的最好建議。

利惠公司

史特勞斯（Levi Strauss）是來自德國巴伐利亞的移民。他用帆布製作褲子，賣給在1849年淘金熱時來到加州想致富的探礦人。大部分探礦人最後都空手而返，但史特勞斯卻靠他的藍色牛仔褲致富。他在1873年申請到斜紋布牛仔褲的專利。

史特勞斯的公司直到1971年以前都是私人公司，他賣出股份掛牌上市後，又在1985年買回股份下市。

利惠、康寶濃湯、箭牌口香糖和可口可樂都創立於一百多年前，當時的世界還不像今日這樣複雜，也沒有那麼多律師會阻礙進步。但這不表示你在現代就不能白手起家。班傑瑞（Ben & Jerry）、蓋茲和馬庫斯（Bernard Marcus）就各自創立了冰淇淋、軟體和五金商店的王國。

班傑瑞如何闖出天下

班‧考亨（Ben Cohen）和傑瑞‧格林菲爾德（Jerry Greenfield）在長島的七年級體育課上初次認識，幾年後他們變成嬉皮。班從大學退學，開過計程車、煎過漢堡肉、抹地板、當賽車場警衛，學過陶藝。他曾住在阿第倫達克山區（Adirondacks）的一棟木屋，有木製壁爐，卻沒有水管。他有一顆寬大的心，和同樣也不小的肚子。

另一方面，傑瑞唸完俄亥俄州歐伯林學院（Oberlin College），他在那裡除了學習正規的學科外，還學會玩小魔術和耍把戲。他申請讀醫學院卻遭拒絕，他接受一份把牛心塞進試管的工作。他比班

瘦，而且早在邋遢外表開始流行前就一副邋遢樣了。

兩人的命運在紐約州薩拉托加泉（Saratoga Springs）再度交會，並且決定既然兩人都沒有更好的事情做，為什麼不開一家冰淇淋餐廳？傑瑞花5美元上了一個郵購課程，學習如何製造冰淇淋。他們花掉6,000美元積蓄，加上向班的父親借的2,000美元，自己動手為佛蒙特州伯靈頓的一座舊加油站修屋頂、漆牆壁，將它改名為一勺店（Scoop Shop），當時是1978年。

來到一勺店的人忍不住一勺一勺地享受班與傑瑞的冰淇淋。他們的冰淇淋又濃又多奶油，裡面充滿大塊水果或巧克力，或他們加進的各種東西。那是高脂肪和高膽固醇的配方，但在1978年，人們不在乎膽固醇，所以他們大快朵頤班傑瑞的冰淇淋而沒有罪惡感。不久後，班和傑瑞賣的冰淇淋已多到那個加油站應付不了。他們決定蓋一座冰淇淋工廠。原本他們可以找創投資本家籌募資金，後來決定直接股票上市。在1984年，他們以每股10.50美元賣出7.35萬股股票，籌措大約75萬美元，這對大企業來說是九牛一毛，但蓋一座他們需要的工廠已經綽綽有餘。

為了確保公司由當地人擁有，他們規定只有佛蒙特州居民能在首次公開發行中買股票。佛蒙特不是富有的州，所以許多投資人只買1股——他們只買得起這麼多。十年後，他們的股票價值已經是當初買進的十倍。

班傑瑞是有史以來最有趣的上市公司之一。老闆穿著T恤和連身褲上班，從來不穿西裝——他們沒有任何西裝。他們把一種冰淇淋取名為櫻桃賈西亞，以表示對死之華合唱團（Grateful Dead）搖滾巨

星傑瑞‧賈西亞（Jerry Garcia）的尊崇。在年度股東會上，班會躺下來，肚子上放一塊磚，讓傑瑞用一只大鎚把磚頭打碎。

你分辨不出主管和一般員工的差別，停車場裡停滿車身有凹痕的福斯汽車，高層主管的薪資以一般標準來看偏低——他們的哲學是人人都有賺錢生活的權利，但沒有人有不勞而獲、狠賺一票的權利。薪資差別縮小創造出勞工與管理階層間的融洽關係，也讓週末的派對更加歡樂。

班與傑瑞把搖滾樂帶進工廠，以激勵員工跳舞和拿出最好的表現。他們夏季時在伯靈頓播放免費戶外電影。他們從當地農戶買了那麼多牛奶，振興了整個佛蒙特州的酪農業。他們甚至用較高的價錢買牛奶以幫助農民，並把7.5%的年獲利作為慈善用途。

除了美國以外，還有哪個國家的兩個嬉皮可以投資5美元在郵購課程，然後打造出全國第三大的冰淇淋工廠？數年前這家公司出現中年危機：人們發現膽固醇有礙健康後，不再吃那麼多讓班傑瑞成名的富含奶油的冰淇淋。

公司也順應時代改變，推出一系列酸乳酪和低脂產品，取代過去顧客讚不絕口的高奶油冰淇淋。

1994年，班卸下執行長職務，雖然他的工作一直比較像是冰淇淋品嘗長。公司舉辦選拔接班人的比賽，要想贏得這個職務，應徵者除了一般的履歷表外，還必須寄一些有趣的東西。最後贏得這工作的人寫了一首詩。

微軟

蓋茲（Bill Gates）1955年生於華盛頓州貝爾優市（Bellevue）近郊，唸附近的湖濱中學（Lakeside School）。湖濱有一間電腦實驗室，這在1960年代很不尋常，而蓋茲充分利用了這個優勢。

蓋茲對電腦十分痴迷、專注，把全部精神用在上面。他把大部分時間花在實驗室裡，和比他大兩屆的朋友兼夥伴艾倫（Paul Allen）一起做研究。蓋茲對電腦如此執迷，他的父母被迫下令他必須暫時不能碰電腦。不情願的蓋茲遵守父母的禁令，但這只是更加深他對電腦的熱愛。

不久後，蓋茲和艾倫又沉浸在他們最喜歡的實驗，研究當時才出現不久的原始硬體和軟體。市面上買不到操作手冊可以指導他們——蓋茲和艾倫自己發明磁碟作業系統（DOS）。他們是軟體先驅，而在距離他們南方數百哩之處，賈伯斯和沃茲尼克正在製造蘋果電腦。

在時髦的研究實驗室裡工作的科學家和工程師，無法做到這些穿著牛仔褲和T恤的年輕「駭客」獨力完成的事。在高中還沒畢業前，蓋茲和艾倫已成了電腦程式寫作這個新領域的專家。

蓋茲進入哈佛大學，以為自己將來會當律師；艾倫則在新墨西哥州一家叫MITS的小電腦公司找到一份工作。蓋茲把時間用在上課、打撲克牌和上電腦室，很快他就對大學生活感到厭倦。到了終於無法忍受時，他便從哈佛退學，投靠他在新墨西哥州的老朋友。他們兩人已發明一套叫BASIC的新電腦程式語言。

MITS僱用艾倫為英特爾生產的電腦晶片設計新的BASIC程式語言，但BASIC獲得熱烈反應，幾家不同的電腦製造商也想在自己的電腦上以它作為作業系統。這導致一場訴訟惡鬥，爭議BASIC究竟是屬於誰的：蓋茲和艾倫，或MITS？法院判決歸屬發明者，因為他們在被MITS僱用前就已開發出BASIC。現在他們可以自由銷售BASIC，並自己留住利潤了。

蓋茲在還沒逃脫MITS的掌控前就創立了自己的公司微軟，等訴訟解決後，他把所有精力投入微軟。公司的運作缺乏制度、組織散漫，員工瘋狂地長時間工作，電腦散置在辦公室各處，但帳冊都用手寫記錄。訪客會探頭進老闆的辦公室，並問：「那個坐在蓋茲桌子後面的孩子是誰？」那孩子就是蓋茲本人。他才25歲，看起來還更年輕。

成功接踵而來。1980年時，這家小公司和電腦巨人IBM進行嚴肅的磋商，IBM已發展一系列新個人電腦，它需要搭配一套軟體系統。蓋茲出席會議，讓IBM的主管大開眼界，並爭取到千載難逢的好合約。蓋茲和他的同事日以繼夜趕工，秘密打造出MS-DOS作業系統。

人類曾嘗試創造統一的語言卻沒有成功，但微軟幾乎為電腦達成這個目標——MS-DOS多數個人電腦使用的語言。

如果當初IBM夠聰明，要求擁有MS-DOS的部分權利，它的股價會比現在高得多。IMB讓微軟保留所有權利，這是微軟後來崛起成為一家百億美元公司的原因。這故事的教訓是：如果你準備讓某個人

發大財，記得要分一杯羹。

家得寶（Home Depot）

家得寶創始於三名韓迪丹家用品連鎖店（Handy Dan Home Center）的主管被開除時。他們相信自己可以比開除他們的人做得更好，於是自己創立類似韓迪丹的商店。韓迪丹如今已不存在，家得寶商店卻到處可見。

這個決定只是這幾人大展鴻圖的序曲。他們說服一個創投集團集資在亞特蘭大興建第一家超級五金商店，但盛大的開幕慘遭挫折，廣告承諾每個走進大門的人都可獲得1美元，但人群稀落到一天結束時，他們還剩下一大堆零錢。在那時，即使是送錢也吸引不了美國人上家得寶。

但不久後人群開始湧進家得寶，吸引他們的是種類繁多的商品、低廉的價格，以及訓練良好的店員可以回答從地板到泛光燈的各種問題。在衰退時多數零售商業績受到打擊，但廣受歡迎的家得寶銷售仍然大好。事實上，當衰退迫使JC潘尼百貨結束亞特蘭大附近四家購物中心時，家得寶接收所有租約，多開了四家店。

一旦發現手上拿的是一張王牌，主事者便計劃快速擴張。他們從股市籌措資金，1981年家得寶首次公開發行股票，上市股價為每股12美元。今日這檔股票（調整一次分割股票後）每股價值3,308美元！

在1984年，家得寶有19家店；1985年公司遭遇一些挫折，因為利潤

下滑，它犯了常見的擴張過快錯誤。到1986年，它出售更多股票，並利用籌得的資金償還部分債務。三年後，它變成美國最大的家庭裝修連鎖商店。1995年時，家得寶的商店超過365家，每年銷售逾140億美元的五金產品。

還沒結束

儘管你常聽說美國愈來愈衰弱、競爭力滑落，正逐漸喪失領導世界的地位，但美國在新創意上仍然保持領先。美國的音樂、電視和電影產業仍然是世界第一；低成本的林木產品、紙張、鋁和化學品也是第一。華爾街仍然是全世界的股票金融首都，而且正逐漸收復銀行業的領先地位，相較之下日本銀行業則面臨重重難題。

不管你相不相信，美國鐵路運輸貨物的效率如此高，世界其他國家都爭相學習美國的做法。美國的貨運體系是世界各地貨運業的標竿。（美國的旅客載運則有許多地方需要改進。）

美國的行動電話、電子測試設備、藥品、電信和農業機械都領先世界。美國的基因工程、半導體和醫療進步都出類拔萃。經過多年的衰落後，美國占出口市場的比率已開始回升。這表示其他國家的消費者正購買更多美國製產品。

美國出口鋼鐵到首爾、電晶體到東京、汽車到德國；美國也賣史班德斯布料（Spendex）到義大利、腳踏車零件到孟買。世界六大洲的男人都用吉列刮鬍刀刮鬍子。天空上飛的盡是波音飛機。日本原本應該是電子大國——記憶體晶片、電視和傳真機——但日本人已

經趕不上美國公司如英特爾、美光科技（Micron Technology）、微軟和康柏電腦（Compaq Computer）不斷冒出來的創意。

美國在個人電腦領先世界。在軟體、工作站、雷射印表機、電腦網路和微處理器，美國也稱霸世界。

許多美國最棒的發明來自小公司，美國在小公司的發展上也獨步全球。前面已談到幾個微軟和蘋果電腦的年輕人，如何永遠改變了電腦業。二十年後，軟體實驗室的另一群人正要讓歷史重演一遍。

不久以前報紙和新聞雜誌還責備我們痴肥、懶惰、坐領高薪。我們有新聞自由，而新聞喜歡隱善揚惡，因為報導壞事比好事更能增加報紙銷量。

所以我們再三聽到日本人工作比美國人勤奮，德國人也比美國人勤奮，而美國人不是在家整天坐著看電視，就是在校園裡擲飛盤（另一項美國人的偉大發明），所以其他國家即將超越美國。

悲觀者說，美國註定變成一個什麼都不做、什麼都不會的國家，除了美國人可能還聰明到會製造插在雞尾酒杯上裝飾的小傘。

汽車業是最明顯的問題產業。在1960年代以前，美國無論在戰爭或承平時期都最強大，汽車業也最繁榮，底特律是愛車人的聖地。但1960年代以後，美國汽車公司進步遲緩，工廠日漸老舊，工人透過強大的工會要求愈來愈高的薪資。日本人和德國人在這時以他們漂亮、製造精良、價格低廉的汽車攻擊底特律。數百萬美國消費者喜

歡外國汽車，更甚於笨重、粗糙而且價格高昂的美國車。

新聞界和學術界為文討論美國汽車業的沒落，認為那是美國生活方式沒落的表徵。最有影響力的一本書是哈伯斯坦姆（David Halberstam）的《大清算》（*The Reckoning*）。

你可能邊讀哈伯斯坦姆的書，邊為福特、通用汽車、克萊斯勒，以及美國的未來掉眼淚；但這本書出版的1986年，也是克萊斯勒從破產邊緣絕地大反攻的一年，而福特也開始大舉振作，相對於日產（Nissan）等日本汽車製造商則開始吃敗仗。美國這個輸家又開始反敗為勝。

有做研究且注意到這種發展的投資人，都因為買福特、克萊斯勒和通用汽車而獲利豐厚。如果他們買的時機正確，克萊勒斯的股票可能為他們賺15倍獲利，福特賺10倍，通用汽車也有3倍之多。

這不是一年或五年就能達成的改善，而是一個極長期的趨勢。正如底特律花了很長的時間才喪失汽車業龍頭的地位，它的東山再起也需要許多年。許多人對美國汽車業捲土重來感到驚訝，但那只是因為他們不了解情況。我們聽到許多舊新聞，說日本人掌控了汽車業。但發明廂形車的不是日本人，而是克萊斯勒。發明新一代時髦、低價汽車的不是日本人，而是福特、克萊斯勒和通用汽車。重新改款吉普車（Jeep）的不是日產，而是克萊斯勒。在歐洲變成暢銷車款的不是豐田，而是福特Fiesta。

在美國國內，日本車正逐漸喪失市場占有率，而美國汽車正開始搶回市場。

美國人已經翻修工廠，讓它們變得更有效率。美國人的工資已經下降，製造成本也因而降低，所以美國產品可以用較低的價格來和外國產品競爭。

過去二十年來，美國人的自信心低落，但美國的勞動力在全世界已變得最具生產力。今日美國的工人每年生產價值4.96萬美元的產品，比德國多5,000美元，比日本則多1萬美元。美國工人比德國工人工時更長、休假更少；德國工人每年有五週的支薪假期。

事實上，美國勞工如此忙碌和如此有生產力，以致於哈佛教授修爾（Juliet Schor）寫了一本書叫《工作過度的美國人》（*The Overworked American*）。新聞媒體很成功地說服我們相信美國人都在偷懶，尤其是與日本的工人相比之時；所以聽到有人說我們工作過度，實在令人大感驚訝。

但這並不表示美國沒有問題。過去二十年來，美國的經濟成長率落後之前數十年的速度，最低階工作的薪資水準只有小幅上漲，甚至沒有上漲。美國城市的內城區有高犯罪率和高失業率，那裡有近半數兒童未完成學業。如果不受教育，這些人將無法爭取到由電腦和先進科技帶來的各種好工作。

儘管這些問題很棘手，但它們不是悲觀的理由。美國社會在1940年代也有類似的悲觀氣氛，在那個戰後的年代，有1,000萬到2,000萬名美國人失去與戰爭有關的工作，例如軍職或國防工業。超過三分之一的勞動人口必須另尋工作，帶來一場遠比今日裁員潮都嚴重的就業危機，但今日報紙的標題會讓你以為美國現在的狀況比二次大

戰後還淒慘。

事實上，1950年代是對經濟和股市都很有利的十年——在20世紀僅次於1980年代。所以當時人們對未來感到悲觀和不抱期待是錯誤的，正如在1990年代上半人們錯誤的悲觀一樣。

英雄

在學校，我們辯論哈姆雷特是英雄或懦夫，李爾王是愚蠢或被貪婪的女兒所害，拿破崙是偉大的將領或野心勃勃的暴君。但我們從未辯論華頓（Sam Walton）是壞人或英雄。華頓藉由創立沃爾瑪而致富：這是一件好事或壞事？我們又怎麼看迪士尼執行長艾斯納（Michael Eisner）？艾斯納是個有錢的壞人或公司救星？

美式足球明星蒙坦納（Joe Montana）是美國名人，他因為對社會的貢獻幾乎被捧為神明。他有貢獻是不容置疑的，但被視為英雄的蒙坦納又該如何與華頓或克萊斯勒的艾科卡（Lee Iacocca）比較？例如，誰創造了更多就業機會？

艾科卡從未像蒙坦納那樣，帶領美國職業足球聯盟（NFL）的隊伍在比賽的第四節反敗為勝，但他讓在1981-1982年時瀕臨破產的克萊斯勒起死回生——想像在那關鍵的時刻，要是沒有艾科卡的帶領，克萊斯勒會有什麼下場？

不只是克萊斯勒115,948名員工將被遣散回家，那些輪胎製造商、鋁與鋼鐵供應商、汽車玻璃供應商、座椅皮革供應商等等，都會因為克萊斯勒倒閉而被迫裁員。艾科克拯救克萊斯勒可能救了超過30

萬人的飯碗。蒙坦納救了多少人的飯碗？

蒙坦納藉由吸引球迷到球場看比賽，直接造福了一些售票員和熱狗小販的生意，這當然很了不起；但艾科卡拯救的工作機會不是熱狗小販這類，它們有許多屬於高技術工作，每小時薪資超過20美元。有超過30萬名待遇優渥的工人能去度假、買第二棟房子，或有錢讓孩子上大學，艾科卡功不可沒。

奇異公司執行長威爾許（Jack Welch）比艾爾頓強（Elton John）更重要嗎？協助默克藥廠（Merck）發展許多治療疾病新藥的瓦吉洛斯（Roy Vagelos），比茱蒂佛斯特（Jodie Foster）、黛安娜王妃或俠客歐尼爾（Shaquille O'Neal）重要嗎？如果用投票來決定，我會投給威爾許和瓦吉洛斯。然而在唐先生甜甜圈（Dunkin Donut）電視廣告上出現的糕餅師傅，可能比我們提到的大部分人還出名。

你可能注意到，我們常提到兩種英雄——一種是創立公司的人，一種是讓公司保持營運的人。他們是今日市場的「看不見的手」，而我們相信他們會讓1776年時的亞當‧史密斯感到欣慰。在其他國家與他們同類的英雄，正在世界各地執行資本主義家的任務。

我們很遺憾看到女性和少數族群在這些英雄中只占少數，（在本書寫作時）只有一位女性擔任美國上市企業最高主管——蓋普共同創辦人費雪（Doris Fisher）。我們希望隨著愈來愈多年輕人被吸引跨入商界，女性和少數族群也會有更多掌管上市公司的機會。

也許讀完本書後（這是指定的家庭作業），林區家的三個女兒瑪麗（Mary）、安妮（Annie）和貝絲（Beth），以及羅斯查得家的兩

個女兒柏恩絲（Berns）和莎士佳（Sascha）會大受鼓勵，加入企業的行列。

美國大企業領導人不是一群搶錢族、人生目的也不只是搭乘里爾噴射機（Learjet）往返世界各地的高爾夫球場。史密斯（Fred Smith）創立聯邦快遞（FedEx）不是因為他想賺錢，他原本就已經很有錢。他是為了接受挑戰，想創造一個比郵政局更有效率的郵遞系統。因為史密斯的成功，美國郵政局才大肆整頓。現在除了下雨、下冰雹、下冰雪和下大雪照樣遞送郵件外，郵政局甚至已經有隔夜送達的服務。

那些經營公司的人因為賺了大錢，往往被說成壞人，被歸為銀行搶匪和騙子的同類。你可能以為他們開給自己1,000萬美元的薪水支票，帶著錢揚長而去。但實際上他們的錢並非來自薪水，這是一個被冷嘲熱諷者忽視的重點。

在大部分例子裡，大公司的財富主要來自擁有公司股票。你在企業的位階愈高，你獲得股票以代替現金的可能性就愈高。主管也獲得「股票選擇權」（options），讓他們可以用特定的價格買更多股票。

但這些好處只有在公司表現良好、股價上漲時，主管才享受得到。如果公司表現不佳，股價下跌，這些人勢必虧錢，而且可能獲得的利益遠不如支領高薪。領股票讓公司領導人跟股東站在同一邊，當他們從股票賺大錢時，投資人也從擁有的公司股票獲利。這是雙贏的安排。

所以當艾斯納從他的迪士尼股票賺進5,000萬美元時，我們不該報以噓聲，反而應該為他鼓掌，因為那表示迪士尼在他領導下業績蒸蒸日上，股價大幅攀升（在十年內上漲11倍），不管大小投資人都雨露均霑。

除此之外，我們相信艾斯納不是為了錢做這件事。和大多數位居執行長高位的人一樣，他仍然每天上班。為什麼他還去上班？他樂於接受解決問題和面對競爭的挑戰。經營企業必須精明、傑出和靈巧，生產線的工作也許很單調，但董事會或辦公室裡卻一點也不沉悶。

史密斯在給郵政局教訓的同時，也創造了就業機會。本章推崇的企業英雄都創造了許多就業機會，不是因為我們最近聽說了很多創造就業的故事，我們聽到的都是就業機會流失。

看過去兩年來的新聞報導，你會以為美國沒有剩下任何工作了。每次你拿起報紙，就會看到又一家大公司裁員的消息。記者不必深入調查就能發掘這類報導，因為美國最大的500家公司在1980年代裁撤了300萬名員工，在1990年代裁員的速度也不遑多讓。

裁員對失去工作的人來說永遠是痛苦的事，但裁員不致於形成全國危機。從更大的角度看，裁員有益經濟的健康。

公司不會隨便把忠誠的員工趕出門，在大部分狀況下，裁員是採遇缺不補的方式進行：有人退休的職務不找新人填補。但裁員有一個目的：讓公司更有競爭力，未來更能生存。

想像如果500家大公司在1980年代留住那300萬名原本該裁撤的員工，會是什麼樣的災難？到最後，膨脹的人事可能摧毀那些公司，它們將無法與更有效率的對手競爭，成本更低的對手將搶光它們的生意。其結果是，損失的不是大公司的300萬個工作，而可能是1,000萬個或1,500萬個，而整個美國可能再次陷入蕭條。

這帶我們來到以下列出的25家大公司。它們至少有三種類別：持續成長數十年的公司（例如，沃格林〔Walgreen〕、麥當勞、雷神〔Raytheon〕）；在英雄拯救前迷失方向的公司；原本經營還可以、但又獲得大助力而完成非凡成就的公司——雖然它們年齡漸大，人們認為它們的黃金年代已過。

克萊斯勒是絕處逢生的最佳例子，還有高露潔（Colgate）、聯合訊號（Allied Signal）、開拓重工（Caterpillar）、房利美（Fannie Mae）和花旗銀行（Citicorp），所以我們有各式各樣具代表性的公司。然後在「捲土重來」的類別裡，有再次以驚人速度成長的可口可樂，以及吉列、摩托羅拉和默克。

房利美的故事有兩個英雄——麥斯威爾（David Maxwell）和強森（Jim Johnson）。舊稱聯邦貸款金融公司（Federal National Mortgage Association）的房利美，是美國最大的住宅房貸機構。在麥斯威爾剛到公司時，房利美的營運搖搖欲墜，時而賺錢、時而虧損，徘徊在破產邊緣。麥斯威爾整頓房利美，讓它轉虧為盈。

強森在1991年接掌公司，在他的帶領下，房利美的盈餘增加了一倍多，並讓盈餘起伏變小、變得更加可靠。雖然房利美只僱用了

3,000人，但以一家大公司來說，員工人數相當少。房利美直接影響數千萬名屋主，並透過持有五分之一的美國住宅抵押貸款發揮間接的影響。

房利美提供抵押貸款資金的能力，攸關龐大數量的就業機會。如果這家公司管理不善、經營陷於困境，美國的新住宅市場和整體房地產市場可能萎縮。住宅營建商、地毯製造商、房地產仲介業者、保險經紀人、銀行家、電器商店、五金商店和住宅裝修商店，都會跟著受害。

惠普原本是一家舊科技公司，為電子業者製造檢測設備。在1975年，惠普的銷售為9.81億美元；二十年後，它的銷售已接近300億美元。這家公司的檢測設備部門現在只占11％營收，而印表機和電腦部門則占78％。惠普十五年前並不生產印表機，但它慢慢變成這個產業的巨人，每年估計銷售價值90億到100億美元的印表機和相關產品。印表機讓惠普變成高品質品牌，協助它銷售電腦，在全球個人電腦市占率排名第六。

惠普的規模已成長到將近IBM的一半，但在1975年，它只有IBM的十五分之一。它的成長和快速發展，主要歸功於員工被鼓勵發明新產品和開發新點子。協助和刺激這項創新的英雄人物是惠普的執行長楊格（John Young）。

這類提高公司競爭力的做法可回溯至1982年，美國剛經歷二次世界大戰後最嚴重的衰退，情況極其惡劣，汽車業瀕臨破產，失業率高漲，從東岸到西岸各地的美國人都感覺國家逐漸喪失活力。

在這個全面危機中，企業領袖做出劃時代的決定，他們改變了做生意的根本方式。在1982年以前，他們跌跌撞撞度過每一個經濟循環，在景氣大好期間增加員工，然後在景氣衰退時又裁撤員工。生意糟糕時，他們逐漸緊縮，先是取消加班，然後讓老員工提早退休等等。

從1982年起，各式各樣的公司都致力於提升效率。在華爾街，人們稱之為組織再造、規模正確化、縮編或精簡化。不管怎麼稱呼，這代表降低成本和提升生產力，不只是為了度過衰退，而是變得更賺錢、更有競爭力。

以嬌生為例，這家公司的盈餘幾乎連續三十五年增加，在舊環境下，嬌生不會把組織再造當成優先目標。但在新環境中，即使是像嬌生這種體質強健的公司也發現，必須採取保持優勢的策略，同時不斷發展新產品。

這是我們過去十五年看到企業獲利激增的主要原因，同時股價也因而大幅攀升，漲幅超越歷史上的其他時期。美國現在的富裕已遠超過1982年，而富裕增加的主因之一是企業改變做生意的方式，包括藉裁員變得更有競爭力。媒體界很少人注意到這一點，他們仍然認為美國的企業領袖忙著打高爾夫球。

公司再也不敢自滿，它們可能剛剛創下歷來最高的盈餘紀錄，但它們擔心的是十年以後的情況。它們不想步上泛美（Pan Am）、東方（Eastern）和布蘭尼夫（Braniff）的後塵，這三家因為喪失競爭優勢而倒閉的航空公司在消失後，有數萬名員工直接或間接跟著失業。

變得更有競爭力不只是開革員工、關掉幾座工廠以節省成本。如果一家公司花1億美元興建一座新工廠，來自舊廠的同一批員工在新廠可以提高15％的生產。

這額外的15％可以幫助許多人。公司可以給員工加薪5％，讓員工開心；可以降低價格5％，讓顧客快樂；公司也可以增加自己的獲利，讓股東滿意。當然，分配這15％的方法有很多種，重點是當一家公司變得更有競爭力時，能帶來多重的好處。

還有另一種提高生產力的方法：製造更好的產品，並在製造時少犯錯。少犯錯意味減少顧客的抱怨、減少打電話為錯誤道歉、減少更換已經出貨的產品、減少維修有瑕疵的產品。一家公司若能把不良率從5％降低到0.5％，就可以省下處理不良產品和應付顧客投訴的大量時間和金錢。

大公司的企業英雄

公司名稱	企業英雄	說明
聯合訊號 Allied Signal	柏西迪（Lawrence A. Bossidy），董事長兼執行長	扭轉營運。柏西迪裁併虧錢的事業，把獲利擴增為兩倍多，並強化獲利的事業。
美國運通 American Express	高洛卜（Harvey Golub），董事長兼執行長 史提弗勒（Jeffrey E. Stiefler），總裁 萊恩（Jonathan S. Linen）、錢諾特（Kenneth I. Chenault）、法爾（George L. Farr），副董事長	扭轉營運。在高洛卜的帶領下，這個團隊削減成本、出售協利銀行（Shearson-Lehman），恢復信用卡事業的成長潛力，創立IDS和其他金融服務，並擴張成為第一大旅行經紀商。
波音 Boeing	蘇倫茲（Frank Shrontz），董事長兼執行長 康狄特（Philip M. Condit），總裁	扭轉營運。推動文化變革，專注於效率和股東利益。採取團隊式的領導方式。開發波音777。
開拓重工 Caterpillar	費特茲（Donald V. Fites），董事長兼執行長	扭轉營運。執行六年的全球工廠現代化計畫。調整公司組織、提高全球市占率、縮短產品推出時間。
克萊斯勒 Chrysler	艾科卡（Lee A. Iacocca），董事長兼執行長 伊頓（Robert J. Eaton），董事長兼執行長	兩度扭轉營運。重振公司並重組管理團體團隊，使公司免於破產。藉委外生產零件削減成本；推出廂形車，並買下AMC以取得吉普（Jeep）品牌。
花旗銀行 Citicorp	李德（John S. Reed），董事長	儘管營運陷入困境，仍大舉投資國內消費者銀行業務。解決不動產問題、削減成本、改善服務。在其他銀行退出國際市場時，仍堅持留在市場。

公司名稱	企業英雄	說明
可口可樂 Coca-Cola	高茲耶達（Roberto C. Goizueta），董事長兼執行長 齊歐（Donald R. Keough），退休總裁兼營運長	加速成長率。喚醒逾190個國家昏昏欲睡的裝瓶廠。齊歐協助高茲耶達擬訂發展策略，並執行全球計畫。
高露潔棕欖 Colgate-Palmolive	馬克（Reuben Mark），董事長兼執行長	扭轉營運，並擴大市場占有率，方法是整併工廠、降低成本和擴張可支配市場的海外市場。
迪爾 Deere	韓森（Robert A. Hanson），董事長	扭轉營運。改善農業機械產品，並促進非農業事業的成長。
艾默生電氣 Emerson Electric	奈特（Charles F. Knight），董事長兼執行長	讓盈餘數十年來保持成長。執行嚴格的銷售與獲利規劃程序。
埃克森 Exxon	拉爾（Lawrence G. Rawl），董事長 雷蒙德（Lee R. Raymond），董事長兼執行長	扭轉營運。專注在控制成本；削減非核心營運；透過策略性的挑選全球機會以擴張營運。
房利美 Fannie Mae	麥斯威爾（David O. Maxwell），執行長 強森（James A. Johnson），執行長兼董事長	扭轉營運。創新的問題解決者；消除公務員文化。強森強化公司財務體質；擴大造福低所得、少數族裔和弱勢者；擴大科技更新；與國會合作推動變革。
奇異 General Electric	威爾許（John〔Jack〕F. Welch, Jr.），董事長兼執行長	保持成長——對規模如此龐大的公司來說很不容易。鼓勵創造性的承擔風險；重振許多老舊事業的生產力，並淘汰績效不佳的事業。進行成效良好的併購。

公司名稱	企業英雄	說明
吉列 Gillette	莫克勒（Colman M. Mockler, Jr.），董事長兼執行長 齊恩（Alfred M. Zeien），董事長兼執行長	加快成長速度。導引公司回歸基礎；削減成本。以有創意的方法對抗併購企圖：因為公司向掠奪者說「不」——買回股票——使股東得以享受股價上漲十倍。 齊恩強調營收成長、地理擴張；開發新產品。
固特異輪胎 Goodyear Tire & Rubber	高爾特（Stanley C. Gault），董事長兼執行長	扭轉營運。減少債務；控制成本；引進全球產品委外，擴展新流通管道。
惠普 Hewlett-Packard	帕卡德（David Packard）、惠立特（William R. Hewlett），創辦人 楊格（John A. Young），總裁兼執行長 普拉特（Lewis E. Platt），總裁、董事長兼執行長 哈克朋恩（Richard A. Hackborn），執行副總裁	加快成長速度。惠立特和帕卡德建立以團隊合作、客觀管理、建立共識為基礎的公司文化。跨入新產品，包括印表機、電腦和周邊產品，把舊業務占公司營收比率降到20%以下。
國際商業機器公司 IBM	華特森（Thomas J. Watson, Jr.），董事長兼執行長 葛斯特納（Louis V. Gerstner, Jr.），董事長兼執行長	扭轉營運。華特森把公司押注在大型電腦系統／360（System/360）上大獲成功。率先容許使用者在資訊需求成長時升級電腦。葛斯特納是第一位從外延攬的最高主管，把IBM改造成對市場敏銳、有成本競爭力的公司。
ITT	阿拉斯庫格（Rand V. Araskog），總裁、董事長兼執行長	扭轉營運。出售績效不佳的資產；削減成本；分割公司為三個單位，以發揮個別單位的潛力。

公司名稱	企業英雄	說明
嬌生 Johnson & Johnson	柏克（James E. Burke），董事長兼執行長 拉森（Ralph S. Larsen），董事長兼執行長	加快成長速度。增加醫療研發支出；控制營運成本。整併自治事業，而不犧牲創業精神。
麥當勞 McDonald's	克羅克（Ray A. Kroc），創辦人 坎塔盧波（James R. Cantalupo），麥當勞國際總裁兼執行長	保持成長。克羅克帶領早期的成長；採用加盟策略；開始擴張國際營運。坎塔盧波加速國際營運的發展。
默克 Merck	韋吉洛斯（P. Roy Vagelos），董事長、總裁兼執行長	加快成長速度。帶領研究部門，開發熱銷藥品。
摩托羅拉 Motorola	羅勃特·蓋文（Robert W. Galvin），總裁、執行委員會主席 費雪（George M.C. Fisher），總裁兼執行長、董事長兼執行長 涂克（Gary L. Tooker），副董事長兼執行長 克里斯多佛·蓋文（Christopher B. Galvin），總裁兼營運長	保持成長。羅勃特·蓋文之父保羅（Paul Galvin）於1928年創立摩托羅拉，建立公司文化。羅勃特領導半導體事業，開發行動通訊產品。費雪領導對抗日本人的競爭，跨入日本的傳訊業務。涂克和克里斯多佛·蓋文負責推動銷售。改善產品和降低成本，變成推動公司成長的動力。
雷神 Raytheon	菲利普斯（Thomas L. Phillips），執行長、董事長 皮卡德（Dennis J. Picard），董事長兼執行長	儘管政府削減國防支出，仍讓公司持續成長，並擴大產品種類、精簡管理、專注於品質，引領將國防技術應用於商業和市場的潮流。

公司名稱	企業英雄	說明
沃格林 Walgreen	沃格林（Charles R. Walgreen III），董事長	保持成長。把沃格林重新定位為藥妝業者；處理非核心業務，專注於擴張。
全錄 Xerox	柯恩斯（David T. Kearns），執行長兼董事長 艾萊爾（Paul A. Allaire），董事長兼執行長	扭轉營運。柯恩斯接手品牌和市占率萎縮的問題，強化品質以對抗日本的競爭。艾萊爾擴大品管計畫，出售非核心事業，降低成本以使公司更有競爭力。

在260頁開始的「企業英雄」表中，你將發現一份把小公司變成大公司的英雄名單。這是就業故事很少被人傳述的一面。你已經知道大公司在1980年代裁撤約300萬個工件——1990年代也一樣多——但你聽過中小企業在1980年代創造約2,100萬個工作嗎？報紙很少報導這方面的事。

沒有人精確地計算過小公司創造的就業，但我們確實知道1980年代有210萬家新事業開張。有些企業較大，有些較小，有些成功，有些失敗，但假設平均每家小企業僱用十個人，那就有2,100萬個新工作，是那些廣被報導的大裁員損失工作數量的七倍。

這210萬家事業中，有一小部分極成功的事業最後變成上市公司，其中25家最成功的登上我們的英雄榜，它們崛起速度之快令人大為驚嘆。1985年，這25家公司加起來的營業額只有三百多億美元，不

到埃克森（Exxon）的一半；IBM在1985年的盈餘是這25家公司盈餘的四倍。

在當時，這25家小公司為35.8萬名員工提供就業，我們名單上所列的大公司則提供逾260萬名員工的就業機會。

看看在十年間發生什麼事。當名單上的大公司在這段期間裁撤超過42萬個工作時，我們的小企業卻茁壯成巨人。在1995年，它們的總營收達到2,250億美元，總員工人數則接近140萬人，為勞動人口增加100萬個就業。

在1975年，迪士尼合乎小公司的標準；今日它已變成大公司。華德‧迪士尼是迪士尼故事的超級英雄；艾斯納則是英雄。迪士尼龐大的組織正要打瞌睡時，艾斯納適時把它戳醒。在舊時代，迪士尼會重新發行舊經典動畫，而且在艾斯納上台前，公司已不再製作新動畫。艾斯納掌舵下，公司推出《獅子王》（*Lion King*）、《阿拉丁》（*Aladdin*）和《美女與野獸》（*Beauty and the Beast*）等新動畫；變成劇情片的主要製片商；重振既有的主題公園和開設新主題公園；推出與電影同樣受歡迎的主題曲唱片，在音樂事業上旗開得勝；並推出商品行銷活動，把迪士尼的紀念品賣到世界各地的商店。

玩具反斗城（Toys "R" Us）在1985年是一家中型企業，但今日銷售已超過吉列或高露潔，員工比固特異輪胎多2萬人。沃爾瑪是1985年最大的小公司，但今日其規模超越我們名單上除了埃克森以外的每一家公司。

安進（Amgen）在1975年還不存在，到1985年它的員工還不到200人。今日它每年生產20億美元的藥品優保津（Neupogen）和依泊津（Epogen）。這些重要的藥品協助世界各地的病患之餘，也為安進在1995年賺進3億美元。安進故事中的英雄是拉斯曼（George B. Rathmann）和賓德（Gordon Binder）。

然後是裴洛（Ross Perot）創立的電子資料系統公司（Electronic Data Systems, EDS）在1984年被通用汽車收購。裴洛曾為IBM工作，他嘗試說服IBM協助企業解決資訊處理問題，但IBM對此興趣缺缺，因此裴洛自行創立EDS。EDS在1975年銷售1億美元，1985年成長至34億美元，到1995年銷售已突破100億美元。裴洛從1986年就已退出EDS，但這家公司在他離開後仍大幅成長。對通用汽車來說，這實在是值回票價的收購。

這告訴你英雄的重要性。IBM至少有二十年時間缺乏英雄的領導，這家支配市場的大公司在毫無防備的情況下，把資訊服務業務拱手讓給裴洛的EDS、把軟體業務讓給微軟、把微處理器業務讓給英特爾。另外，IBM原本排名第一的個人電腦銷售讓給康柏電腦，同時把一大部分大型電腦記憶體事業讓給EMC。這五家挑戰IBM成功的競爭者都在我們由小變大的企業名單上。

麥高文（Bill McGowan）和羅勃茲（Bert Roberts）是MCI的英雄，他們不理會別人的譏笑，敢於在長途電話市場挑戰AT&T。有長達十年的時間MCI一直虧損，但它仍生存下來，並開始轉虧為盈。因為有MCI的競爭，美國人的長途電話費才得以降低。

艾弗森（Ken Iverson）是紐柯公司（Nucor）的英雄，這是一家在

沒落的產業中崛起的鋼鐵公司。艾弗森不浪費錢在瑣碎的事上，所以他把紐柯總部設在南加州達林頓一座零售商場的樓上。紐柯剛開始是一個鋼鐵買家，但很快學會製造自己的高品質鋼鐵，達到競爭對手美國鋼鐵一直無法企及的水準。紐柯的鋼鐵產量到2000年將趕上美國鋼鐵——美國史上第一家10億美元公司。

史登柏格（Tom Sternberg）是史泰博公司（Staples）的英雄。他曾擬定一個辦公室用品超商的企業計畫，但沒有人注意，最後他自己付諸實行，在麻州布萊頓開設史上第一家辦公室用品超級商店。那不過是十年前的事，到今日，辦公室用品超商業即將變成一個100億美元的產業，而且以目前的成長速度，到2000年產業規模將達到200億美元。

有一對兄弟同時登上英雄榜，他們原本走上不同的道路。吉姆·伯克（Jim Burke）進入大公司，最後坐上嬌生公司董事長的寶座，而丹恩·伯克（Dan Burke）走的是小公司的路，他加入的小傳播公司後來發展成極為成功的首都／美國廣播公司（Capital Cities / ABC），最近又同意與迪士尼合併。

美國的富強仰賴小公司變大，以及大公司變得更有競爭力。如果25家小公司崛起時，25家我們名單上的舊公司也逐一倒閉，結果將是零就業成長，甚至可能是損失大量就業。

想像有數十家財星500大公司（Fortune 500）破產而不是裁員和調整組織，美國可能在1980年代失去1,500萬個工作，那麼即使到今日有全國各地小企業創造的2,100萬個工作，美國的失業率也可能

高達20%。

別以為這不可能發生。如果公司決定不顧生產力留住每一名員工、坐等外國競爭者搶光它們的生意，這種情況就會發生。如果不是美國的英雄崛起，鼓舞他們的同事盡最大努力，這種情況也會發生。

美國很幸運既有小公司不斷崛起，同時又有大公司持續表現優異。你在歐洲看不到這種組合，那裡缺少小公司。反觀我們的名單有這麼多選擇，可以列滿好幾頁。

要把我們的名單刪減到25家很困難，我們不得不割捨許多其他優良公司的英雄。我們可以輕鬆選出250家在過去二十年快速成長的小公司，加上100家自我改造並更上一層樓的大公司。

我們也可以列出全是軟體、電腦和電子業明星的名單（思科〔Cisco〕、昇陽〔Sun Microsystems〕和美光科技〔Micron Technology〕），使我們25家小公司的表現更亮眼，但我們嘗試從不同行業挑出代表，以顯示各式各樣的公司都能在美國快速成長。我們的名單包括玩具公司、薪資處理服務商、航空公司，甚至有一家生產用來強化輪胎的「碳煙」（carbon black）。這家公司叫卡博特（Cabot），曾經歷一段起伏不定的時期，最後終於扭轉頹勢。它是25家公司中唯一起死回生的例子。

這些英雄名單也再度說明，投資大公司或小公司都可以賺錢，但如果你專精在小公司，你可以做得特別好。在大公司中你可以找到三個「10壘打」的公司，意思是投資人可以賺到10倍的錢——房利

美、吉列，和可口可樂都算是。在1985-1995年間，在小公司中則有六家「10壘打」公司、三家「25壘打」，和三家「40到50壘打」的強棒。安進從1.36美元漲到84美元，甲骨文從0.83美元漲到42美元，康柏則從1.69美元漲到50美元。這些股票的表現確實令人刮目相看。

現在你明白了，要想從投資股票賺錢不需要每一檔股票都買對。假設你擁有十檔小公司股票，其中三檔的銷售從從4,000萬美元減少到零，股價從20美元跌到一文不值。這些損失將由一檔銷售從4,000萬美元成長到8億美元、股價從20美元飆漲到400美元的大贏家來彌補，而且還綽綽有餘。

新公司上市的速度快得令人目不暇給，從1993年到1995年中，有超過1,700檔新股票初次上市。投資人在這些初出茅廬的公司押注1,000億美元，其中有些會失敗，但從1,700檔股票中，你將找到另一檔安進、另一檔史泰博，以及另一檔家得寶。

把小公司變成大公司的企業英雄

公司名稱	企業英雄	說明
安進 Amgen	拉斯曼（George B. Rathmann），執行長、董事長、榮譽董事長 賓德（Gordon Binder），執行長、董事長	重組技術（recombinant）與基因工程商業化的先驅。賓德為福特汽車前財務長，採取保守策略以控制產品在獲准上市前的財務支出。
自動資料處理公司 Automatic Data Processing	塔伯（Henry Taub），創辦人 勞登柏格（Frank R. Lautenberg）、韋斯頓（Josh S. Weston），執行長兼董事長 溫巴克（Arthur F. Weinbach），總裁兼營運長	持續三十年每季盈餘呈現雙位數率成長，不受景氣衰退影響，在企業界絕無僅有。自動資料處理公司展現了如何透過委外降低成本和改善服務。
凱創系統 Cabletron Systems	班森（Craig Benson），共同創辦人、董事長、營運長、財務長 李文（S. Robert "Bob" Levine），共同創辦人、總裁兼執行長	從一家始於車庫的兩人公司，班森和李文把凱創系統打造成首屈一指的地區製造業網絡中樞，採直接銷售策略，強調帳戶控制、優異的顧客服務，和提供種類繁多的低價產品。
卡博特公司 Cabot Corporation	博德曼（Samuel W. Bodman），董事長兼執行長	扭轉公司營運，出售紛雜的事業，專注於核心特殊化學品和初始的碳煙事業。

公司名稱	企業英雄	說明
資本城／ABC Capital Cities/ ABC	墨菲（Thomas S. Murphy），董事長兼執行長 伯克（Daniel B. Burke），總裁兼執行長、總裁兼營運長	1954年加入紐約州奧爾巴尼的UHF電視台和調頻廣播電台，領導公司擴張為有線電視發行和製作節目，擁有8家電視台和19家廣播電台。有高度成本意識。墨菲和伯克透過發展和收購計畫，把公司擴展成媒體帝國，包括在1986年收購ABC。
電路城商店 Circuit City Stores	山姆・伍爾齊爾（Samuel S. Wurtzel），創辦人 艾倫・伍爾齊爾（Alan L. Wurtzel），副董事長、總裁兼執行長 夏普（Richard L. Sharp），總裁兼執行長、董事長	山姆・伍爾齊爾創立電路城商店的前身華茲公司（Wards Company）。他的兒子艾倫加入公司，開始採用超商概念。 夏普帶領公司在競爭的環境下連續十年快速成長，以種類繁多的產品和低價致勝。
康柏電腦 Compaq Computer	肯尼恩（Joseph R. Canion），創辦人、執行長 羅森（Benjamin M. Rosen），董事長 費佛（Eckhard Pfeiffer），執行長	挑戰IBM；看好與英特爾和微軟相容的電腦市場，而非IBM。 羅森帶領公司成為全球個人電腦市場上最大的低價製造商。 費佛以新高科技產品維繫康柏身為最大低價製造商的地位。
迪士尼 Walt Disney	華德・迪士尼（Disney）、羅伊・迪士尼（Roy O. Disney），創辦人 艾斯納（Michael D. Eisner），執行長兼董事長	創立公司並提供創意願景，打造迪士尼樂園、迪士尼世界和愛普卡中心（Epcot Center）。與韋爾斯（Frank Wells）提振迪士尼主題公園的獲利；與羅伊・迪士尼和前製片主管卡山柏格（Jeffrey Katzenberg）加速劇情動畫片的開發，創造空前的票房收入與附屬獲利。

公司名稱	企業英雄	說明
EDS	裴洛（H. Ross Perot），創辦人兼執行長 艾伯索爾（Les Alberthal），執行長	以更大的熱情進攻市場，掌控恰當時機，並更努力工作。 艾伯索爾以遠見激勵員工負責。EDS在他領導下獲致更大的成功。
EMC	伊根（Richard J. Egan），共同創辦人兼執行長 馬林諾（Roger Marino），共同創辦人 羅格斯（Michael C. Ruettgers），總裁兼執行長	伊根和馬林諾建立年輕、進取的銷售團隊。羅格斯專注於品質和營運紀律，跨入伺服器市場，協助公司在大型主機儲存市場超越IBM，成為第一家在核心市場把IBM拉下龍頭寶座的公司。
聯邦快遞 Federal Express	史密斯（Frederick W. Smith），創辦人、董事長、總裁兼執行長	高瞻遠矚的領導人，發現快速小郵包快遞系統的需求。在資訊科技的基礎上打造營運，提升速度和可動性，建立軸幅式網絡（hub and spoke network）以提供服務給更偏遠的地區。
蓋普 The Gap	朵莉絲與唐納德·費雪夫婦（Doris F. and Donald G. Fisher），創辦人 德瑞斯勒（Millard S. Drexler），總裁、執行長	建立公司，創造休閒服概念，以斜紋棉布為核心服裝布料。德瑞斯勒改造公司成為一流的專業零售商，在1980年代以最快速度成長。
家得寶 Home Depot	馬庫斯（Bernard Marcus），創辦人、董事長兼執行長 布蘭克（Arthur M. Blank），創辦人、總裁兼營運長	馬庫斯和布蘭克創造了第一家倉庫式家庭用品中心連鎖店，藉量販、低價和絕佳的服務吸引顧客。富於創意的管理十分成功。

公司名稱	企業英雄	說明
英特爾 Intel	摩爾（Gordon E. Moore），創辦人兼董事長 諾伊斯（Robert N. Noyce），創辦人兼董事長 葛洛夫（Andrew S. Grove），總裁、執行長	英特爾在摩爾和諾伊斯領導下創造出微處理器。過去幾年公司每隔12個月就提高微處理機單晶體性能一倍。 諾伊斯率先把動態隨機存取記憶體（DRAM）晶片商業化。 葛洛夫把英特爾打造成遙遙領先的全球微處理器製造龍頭。
MCI	麥高文（William G. McGowan），創辦人、董事長兼執行長 羅勃茲（Bert C. Roberts, Jr.），董事長兼執行長	建立全國性電信網絡；在每一個電信市場與AT&T競爭。羅勃茲的遠見帶領MCI與英國電信結盟；為MCI在全球電子市場的領導地位奠定基礎。
微軟 Microsoft	蓋茲（William H. Gates），共同創辦人、董事長兼執行長 艾倫（Paul Allen），共同創辦人、執行副總裁、董事 鮑默爾（Steven A. Ballmer, Sr.），副總裁	為公司擬定科技方向，具有產品的遠見。 艾倫和蓋茲創造第一套個人電腦程式語言。 鮑默爾建立銷售與行銷部門。
紐柯 Nucor	艾弗森（F. Kenneth Iverson），董事長、執行長、董事 柯蘭提（John D. Correnti），總裁、營運長、董事	獎賞提高資產報酬率的員工，支付生產紅利；降低公司營運成本。 曾說：「成功是70％文化，和30％新科技。」 柯蘭提鼓勵承擔風險，帶來成本降低的成果。

公司名稱	企業英雄	說明
甲骨文 Oracle Corporation	艾里森（Lawrence J. Ellison），創辦人、總裁兼執行長、董事長 亨萊（Jeffrey O. Henley），執行副總裁兼財務長 藍恩（Raymond J. Lane），執行副總裁兼全球營運部總裁	艾里森管理公司直到1990年；繼續擔任科技擘劃師。亨萊在1990年公司出問題時扭轉財務頹勢。藍恩在四年內把甲骨文的銷售，從不到10億美元提升至超過30億美元。
蕭氏工業 Shaw Industries	蕭（Robert Shaw），總裁、執行長兼董事、董事長 利托爾（W. Norris Little），掌管營運之資深副總裁、董事 拉斯克（William C. Lusk, Jr.），財務長、資深副總裁、董事	透過整併和專注於降低生產成本而改變地毯產業。是強悍的競爭者，願意犧牲短期盈餘以追求長期成功。 利托爾協助改善製造成本結構。拉斯克在發展蕭氏的制度和併購相關財務安排中扮演關鍵角色。
西南航空 Southwest Airlines	凱勒赫（Herbert D. Kelleher），創辦人、董事長、總裁兼執行長	有遠見的領導人，以親切的風格激勵員工。顧客服務和最低的價格是公司成功的關鍵。
史泰博 Staples	史登柏格（Tom Sternberg），創辦人、執行長、董事長	利用超級市場的背景，創立辦公室產品超級商店，率先銷售無品牌產品和量販倉庫形式。採用創業家式的管理風格。
電訊傳播公司 Tele Commu-nications	馬隆（John C. Malone），總裁兼執行長	利用複雜的財務槓桿，擴大有線電視事業的持有股份。對產業信心堅定，願意承擔風險，在十年內崛起成為最大業者，並在過去十年間擴大市占率。

公司名稱	企業英雄	說明
熱電公司 Thermo Electron	喬治·哈佐波洛斯（George N. Hatsopoulos），創辦人、董事長、執行長兼總裁 約翰·哈佐波洛斯（John H. Hatsopoulos），財務長兼執行副總裁 史密斯（Arvin H. Smith），熱工具系統公司（Thermo Instrument Systems Inc.）總裁兼執行長、熱電公司執行副總裁	獨特的內部創業技術公司，從中分割上市11家公司，首創提供資本和動機的創業觀念。此外，也進行明智的併購交易，並扭轉併購事業的營運。史密斯是營運和製造部門管理高手，協助哈佐波洛斯兄弟成就大業。
玩具反斗城 Toys "R" Us	拉扎勒斯（Charles Lazarus），董事長兼執行長	拉扎勒斯把超級商店的概念引進玩具業。玩具反斗城變成美國第一家「品類殺手」（category killer）百貨公司；然後拉扎勒斯把這個概念推廣到國際。
沃爾瑪 Wal-Mart	華頓（Sam Walton），創辦人。1962年創立公司	創辦人華頓曾在JC潘尼百貨工作。將折扣零售概念引進小鎮，專注於顧客，利用流通中心以壓低價格。

大公司	員工數（千）			銷售額（百萬）			淨利（百萬）			股價		
	'75	'85	Q1 '95	'75	'85	95年7月(12個月)	'75	'85	95年7月	1975	1985	'95/7/31
聯合訊號	33.4	143.8	87.5	2,331.1	9,115.0	13,250.0	116.2	-279.0	788.0	11.69	21.22	46.75
美國運通	32.3	70.5	72.4	2,490.2	12,944.0	14,683.0	165.0	810.0	1,413.0	9.13	22.42	38.50
波音	72.6	104.0	115.0	3,718.9	13,636.0	20,616.0	76.3	566.0	745.0	1.64	20.19	67.00
開拓重工	78.3	53.6	54.0	4,963.7	6,725.0	14,955.0	398.7	198.0	1,063.0	22.05	17.64	70.38
克萊斯勒	217.6	114.2	121.0	11,598.4	21,255.5	51,051.0	-259.5	1,635.2	3,367.0	4.85	16.54	48.75
花旗銀行	44.6	81.3	82.6	4,780.5	21,597.0	28,110.0	349.9	998.0	3,642.0	16.20	22.59	62.50
可口可樂	31.1	38.5	33.0	2,872.8	7,903.9	16,674.0	239.3	722.3	2,671.0	3.31	5.92	65.63
高露潔棕欖	42.0	40.6	32.8	2,860.5	4,523.6	7,798.2	119.0	109.4	587.1	14.23	13.49	70.00
迪爾	53.8	40.5	34.3	2,955.2	4,060.6	9,789.2	179.1	30.5	702.8	21.79	28.83	89.88
艾默生電氣	34.0	61.9	73.9	1,250.3	4,649.2	9,279.9	96.2	401.1	846.7	11.69	24.35	70.75
埃克森	137.0	146.0	86.0	44,865.0	86,673.0	102,927.0	2,503.0	4,870.0	5,600.0	10.53	26.07	72.50
房利美	1.5	1.9	3.2	2,475.6	10,342.0	17,756.9	115.0	37.0	2,072.7	5.23	6.62	93.63
奇異	375.0	304.0	216.0	13,399.1	28,285.0	62,082.0	580.8	2,336.0	5,030.0	5.76	15.56	59.00
吉列	33.5	31.4	32.8	1,406.9	2,400.0	6,245.1	80.0	159.9	730.4	1.87	3.85	43.75
固特異輪胎	149.2	131.7	90.3	5,452.5	9,585.1	12,621.9	161.6	412.4	584.3	9.42	14.16	43.38
惠普	30.2	84.0	98.4	981.2	6,505.0	27,787.0	83.6	489.0	2,002.0	6.09	17.39	77.88
IBM	288.6	405.5	219.8	14,436.5	50,056.0	66,414.0	1,989.9	6,555.0	3,918.0	51.50	131.94	108.88
ITT	349.0	232.0	110.0	11,367.5	11,871.1	24,949.0	396.2	293.5	1,048.0	21.04	33.54	120.00
嬌生	53.8	74.9	81.5	2,224.7	6,421.3	16,540.0	183.8	613.7	2,116.0	7.45	11.34	71.75
麥當勞	71.0	148.0	183.0	926.4	3,694.7	8,686.1	86.9	433.0	1,261.7	2.45	7.32	38.63
默克	26.8	30.9	47.5	1,489.7	3,547.5	15,272.8	228.8	539.9	3,079.2	4.15	6.22	51.63
摩托羅拉	47.0	90.2	132.0	1,311.8	5,443.0	23,563.0	41.1	72.0	1,634.0	3.87	8.65	76.50
雷神	52.7	73.0	60.2	2,245.4	6,408.5	10,085.5	71.0	375.9	763.8	5.65	24.31	82.63
沃格林	29.0	37.2	61.9	1,079.1	3,161.9	9,831.0	9.8	94.2	305.7	0.38	6.53	25.88
全錄	93.5	102.4	87.6	4,053.8	8,732.1	17,321.0	244.3	475.3	812.0	63.84	50.54	119.38
總數	2,376.0	2642.1	2,216.7	147,538.7	349,536.1	608,288.6	8,257.8	22,948.4	46,783.4			

損失40萬個工作，但裁員使公司保持競爭力，並維持營運。

銷售與獲利倍增

上漲！

小公司	員工數（千）			銷售額（百萬）			淨利（百萬）			股價		
	'75	'85	Q1 '95	'75	'85	95年7月(12個月)	'75	'85	95年7月	1975	1985	'95/7/31
安進	-	0.2	3.5	-	21.1	1,723.3	-	0.5	334.8	-	1.36	85.13
自動資料處理	5.4	18.5	22.0	154.7	1,030.0	2,758.8	13.80	87.9	379.3	3.28	12.46	64.00
凱創系統	-	0.4	4.9	-	3.9	870.8	-	0.2	174.1	-	4.78	52.88
卡博特公司	5.6	7.7	5.4	411.8	1,407.5	1,755.8	14.10	71.3	120.7	1.63	13.33	56.38
資本城／ABC	2.9	8.9	20.2	174.4	1,020.9	6,581.1	25.40	142.2	721.5	1.91	20.68	116.25
電路城商店	0.6	4.6	31.4	61.2	705.5	5,925.9	1.40	22.0	172.8	0.02	3.07	37.00
康柏電腦	-	1.9	14.4	-	503.9	11,547.0	-	26.6	870.0	-	1.69	50.63
迪士尼	14.5	30.0	65.0	520.0	2,015.4	11,276.5	61.70	173.5	1,291.3	2.68	5.48	58.63
EMC	-	0.2	3.4	-	33.4	1,531.0	-	7.5	279.8	-	1.70	22.88
聯邦快遞	-	34.0	101.0	-	2,606.2	9,187.3	-	131.8	291.0	-	44.61	67.50
蓋普	-	11.0	55.0	-	647.3	3,820.0	-	27.7	306.9	-	2.13	34.88
EDS	3.7	40.0	69.9	119.4	3,406.4	10,519.2	14.60	189.8	847.0	0.54	9.36	44.00
家得寶	-	5.4	67.3	-	700.7	13,173.5	-	8.2	622.5	-	1.41	44.00
英特爾	4.6	21.3	32.6	136.8	1,365.0	12,418.0	16.30	1.6	2,560.0	0.93	4.58	65.00
MCI	0.5	12.4	40.7	28.4	2,542.3	13,678.0	-27.80	113.3	830.0	0.30	4.78	24.00
微軟	-	1.0	15.3	-	140.4	5,609.0	-	24.1	1,447.0	-	1.93	90.50
紐柯	2.3	3.9	5.9	121.5	758.5	3,167.6	7.60	58.5	259.1	0.44	6.93	53.50
甲骨文	-	0.6	12.1	-	55.4	2,617.1	-	5.9	374.3	-	0.83	41.88
蕭氏工業	1.6	4.3	24.2	86.8	519.5	2,714.6	3.50	25.9	128.2	0.27	1.48	16.75
西南航空	0.4	5.3	18.8	22.8	679.7	2,593.5	3.40	47.3	149.3	0.10	5.71	28.75
史泰博	-	0.2	14.6	-	8.8	2,271.4	-	-1.9	44.5	-	3.99	22.50
電訊博播	1.1	4.7	32.0	40.6	577.3	5,400.0	-0.16	10.1	-22.0	0.05	4.11	20.00
熱電公司	1.3	3.2	10.2	56.2	265.7	1,713.4	1.30	9.6	110.4	0.98	5.45	42.75
玩具反斗城	-	45.2	111.0	-	1,976.1	8,776.6	-	119.8	512.6	-	10.26	28.00
沃爾瑪	7.5	104.0	622.0	340.3	8,451.5	85,247.8	11.50	327.5	2,735.5	0.09	3.20	26.63
總數	368.7	1,400.7			31,442.2	226,877.3		1,630.9	15,540.6			

小公司增加逾100萬個工作

銷售增加為7倍

獲利大增

股價大漲

解讀數字——
如何看懂資產負債表

如果一張照片勝過千言萬語，就企業來說，一個數字也有同樣功效。不管執行長在年度報告的文字說什麼，報告後面的數字可以對公司的行為做出完全、未加偽飾的解釋。如果選股變成你的興趣，你應該好好上一堂會計課。

為了幫助你解讀數字，我們模擬一個範例，讓你認識典型的公司財務報告包含哪些內容。這家成立五年的假想公司叫「電腦說」（Compuspeak），我們先從介紹一個假想的人物巴克萊（Barclay）開始。

巴克萊是矽谷的研究科學家，他利用閒暇開發一項新裝置「介面」（Interface），可讓使用者對個人電腦下達口語命令——例如「開」、「關」、「換視窗」或「拷貝到磁碟片」。他已經達到在自家車庫的代用實驗室（工廠）製造產品的階段，並且用自己的房子做二胎抵押貸款，以支付帳單。

要說明故事的其他部分，我們直接來看後面列出的資產負債表（balance sheet）。資產負債表列出一家公司擁有的所有資產，以

及所有負債，類似於你對自己的個性列出一張優缺點清單。我們稱它為資產負債（平衡）表，是因為兩邊永遠保持平衡，資產加起來，和負債加起來相同。通常一張資產負債表分成左邊和右邊，但在我們的範例資產負債表中，我們分成上面和下面。

電腦說公司從巴克萊以房子抵押貸款10萬美元而誕生。他把這筆錢投資在他的新公司。在第一天，它顯示在資產負債表正方「流動資產」（Current Assets）項下的兩個地方：5萬美元現金（Cash），和5萬美元不動產、廠房和設備（Gross Property, Plant & Equipment）。巴克萊花5萬美元購買設備——用來生產產品的機器。這時他沒有廠房，因為他以自己的車庫權充工廠。

這帶我們來到折舊（depreciation）這個項目。折舊來自工廠、辦公室、機器、電腦、桌椅等東西，會因逐漸老舊而喪失價值。美國國稅局容許企業在設備與建築過時或老舊時，扣除它們喪失的價值。

未開發地（raw land）不會折舊，但國稅局有一套公式計算從錄音機到日曬床等所有東西的折舊。建築物通常可以在二十到二十五年間全部折舊；機器、打字機、電腦等設備折舊期間短得多——三到五年，視項目而定。這是因為它們比建築物更快變舊。

在第一天，你可以看到在不動產、廠房與設備項下沒有減累計折舊（Less Accumulated Depreciation），那是因為巴克萊沒有認列任何折舊。

這就是正方——資產。現在我們看下半邊的「流動負債」（Current

資產負債表（財務狀況表）

資產

流動資產	第1天	第1年結束	第2年結束	第5年結束
現金	50,000	25,000	40,000	180,000
應收帳款	—	19,500	49,500	254,500
庫存	—	30,000	80,000	310,000
總流動資產	50,000	74,500	169,500	744,500
總不動產、廠房與設備	50,000	50,000	120,000	500,000
減累計折舊	—	10,000	34,000	250,000
淨不動產、廠房與設備	50,000	40,000	86,000	250,000
總資產	100,000	114,500	255,500	994,500

負債

流動負債	第1天	第1年結束	第2年結束	第5年結束
應付帳款	—	10,000	20,000	100,000
銀行債務	—	—	121,000	—
一年內應償債務	—	—	—	—
總流動債務	0	10,000	141,000	100,000
長期債務	—	—	—	—
總債務	0	10,000	141,000	100,000

權益

	第1天	第1年結束	第2年結束	第5年結束
投入資本	100,000	100,000	100,000	700,000
保留盈餘	—	4,500	14,500	194,500
	100,000	104,500	114,500	894,500
債務與股東權益	100,000	114,500	255,500	994,500
發行在外股份	10,000	10,000	10,000	15,000
每股權益／帳面價值	10.00	10.45	11.45	59.63

Liabilities），這部分是公司的負債。在第一天，電腦說公司沒有任何負債，因為巴克萊的10萬美元銀行貸款是個人貸款——他以自己的房子抵押貸款。公司的負債是零。

在流動負債底下，你會看到權益（Equity）。公司以兩種方式獲得權益：出售公司股票，或從營運賺錢。在第一天，電腦說公司還未從營運賺任何錢——注意「保留盈餘」（Retained Earnings）是零——它唯一的權益是巴克萊投資公司的10萬美元。這是投入資本（Paid-in Capital）。

在權益之下是負債與股東權益（Liabilities & Shareholder Equity），就是總負債、投入資本和保留盈餘的總和。接著你看到發行在外股份（Shares Outstanding）。當巴克萊投資初始的10萬美元在公司時，他發行1萬股股票給自己，因此每股價值10美元，顯示在第一天的帳面價值（Book Value）為10美元。這可由巴克萊任意決定，他也可以發行1,000股給自己，每股價值100美元。

不管是巴克萊的公司或通用汽車，資產負債表記載的方式都相同。你可以一覽無遺看到正方——現金、庫存等等——以及負方是什麼。

過了第一天以後，我們看到資產負債表繼續發展。讓我們看看第一年結束的情況，回到資產負債表的頂端。在流動資產下，你看到現金只剩2.5萬美元——巴克萊已把其餘的錢花在營運和製造產品「介面」上。

然後你看到應收帳款（Accounts Receivable）為19,500美元，這表示巴克萊的部分顧客買了「介面」，但還沒有支付帳款。19,500美元是公司還沒有收到的錢——所以是應收帳款。這是顧客欠公司錢的總金額。

接著我們來到庫存（Investories）為3萬美元，這表示價值3萬美元的「介面」還堆在巴克萊的車庫，等著被賣出——包括用來製造更多「介面」的零件。未賣出的商品被算成資產，雖然不保證巴克萊一定能以一般價格賣出這些。

再看不動產、廠房與設備，你注意到減累計折舊金額為1萬美元。巴克萊已注銷（written off）價值1萬美元的機器。他花了5萬美元買這些機器，但現在記載在帳冊上的價值只剩4萬美元，因為他擁有的這種機器會很快過時，國稅局允許他每年注銷20％的價值。最早記載在不動產、廠房與設備項目下5萬美元支出的20％，就是1萬美元。

在負債（Liabilities）部分，我們發現應付帳款（Accounts Payable）下的1萬美元。如果應收帳款是別人欠巴克萊的錢，應付帳款就是巴克萊欠別人的錢。它代表所有他還沒支付的帳單：電話費、電費、供應商的貸款等等。

在負債底下的權益項目，你看到保留盈餘4,500美元。這就是盈虧的結果——巴克萊從第一年營運就獲利。公司現在擁有權益為10.45

萬美元。這包括巴克萊初始投資的10萬美元，加上第一年的公司盈餘4,500美元。

巴克萊可以選擇如何處理他的獲利，他可以把4,500美元藉由發放股利放到自己的口袋裡。不過，他沒這麼做，而是把它留在公司，以便有額外的錢可投資在讓公司成長，所以我們稱這筆盈餘是「保留」盈餘。

這筆盈餘加上他初始的10萬美元，讓巴克萊的公司現在價值10.45萬美元——這是第一年年底時的權益。由於巴克萊發行1萬股股票給自己，所以現在每股價值為10.45美元（10.45萬美元除以1萬股），這稱作公司的「每股權益」（equity per share），或「帳面價值」（book value）。

進入第二年以後，數字顯示電腦說公司已擴張業務，銷售更多「介面」，應收帳款和庫存持續增加。在第二年，另一項因素加進負方：12.1萬美元的銀行債務。這一次不是巴克萊借這筆錢，而是由公司借款。電腦說公司需要資金擴張營運：買新機器、更多庫存、新員工等。

你是否注意到銀行債務未被納入資產負債表底下的權益？當銀行借錢給公司，銀行並未成為業主。買公司債券的人也不會成為業主。巴克萊仍然擁有全部10萬股股票，在經過兩年的保留盈餘後，他的權益增加到11.45萬美元。

電腦說公司到第五年底已完全改觀，公司擁有18萬美元現金，加上

其他流動資產，總值達到74.45萬美元。在流動資金下的不動產、廠房與設備中，我們發現巴克萊已增加他的資本支出，因為他的廠房和設備總值已從第二年年底的12萬美元，激增到第五年底的50萬美元。

花了這麼多錢，他一定已經離開他的車庫，在別處蓋了一座小工廠，並添購最新的機器。在他購買設備時，他的折舊也隨之大幅增加。

不同類型的公司需要不同水準的資本支出，例如鋼鐵廠的支出極其龐大，維護和升級要花很多錢。油井一旦鑽出油後，就只需要很少的資本支出。廣告公司幾乎沒有資本支出，他們只需要一間辦公室和幾張桌子。

巴克萊需要的資本支出比鋼鐵廠少得多，但比起其他預算，資本支出仍是消耗許多資源的主要項目，這是他從事之高科技硬體業的特性。

在負債部分較下方的項目中，我們看到巴克萊已償還他的銀行債務，因為到第五年底，債務已變回零。你會想，他償債的錢從哪裡來的？你在權益這個項目將找到答案。投入資本已從10萬美元躍增到70萬美元。巴克萊已發行並出售部分股票。注意到發行在外股份的改變嗎？以前是1萬股，全由巴克萊擁有；現在是1.5萬股。

另一個投資人加入投資！在投入資本項目中可以找到。看到70萬美元的數字嗎？我們知道巴克萊一開始投入10萬美元，所以這個新投

資人支付60萬美元買5,000股新發行的電腦說公司股票。新投資人擁有這家公司的三分之一股權。

拜這筆迫切需要的資金挹注所賜，在第五年年底的每股權益已激增至59.63美元；或者也可以說，電腦說公司現在的帳面價值為每股59.63美元。這表示巴克萊自己的1萬股現在的價值為59.63萬美元。他的初始投資10萬美元以及辛勤工作所付出的心血，已經開花結果。

為什麼那位神秘的投資人願意冒險投資60萬美元，支付每股120美元買巴克萊的公司股份？因為他看到巴克萊截至目前的優異表現，並認為銷售和獲利的成長將繼續。這家每年規模成長超過一倍的小公司，未來潛力無窮。

你可以自己從損益表（Income Statement）中的每股收益（Income per Share）追蹤盈餘：第一年結束時的0.45美元，第二年結束時1美元，第五年結束達到6美元。神秘投資人支付每股120美元，買第五年每股盈餘6美元的公司股票。

以股價（120美元）除以盈餘（6美元），我們得到本益比（price/earnings ration，又稱價盈比）為20倍。今日紐約證交所的平均本益比為15到16倍，所以這位神秘投資人購買電腦說公司股票的價格，略高於一般投資人買上市公司股票的平均價格。他這麼做是因為他知道快速成長的小公司潛力很大。他知道這很冒險，但如果一切順利，他認為電腦說公司將來有機會上市，這檔股票將變成一支10壘打、20壘打或50壘打，他的投資將回報好幾倍。

如果巴克萊有選擇，他不會出售公司的三分之一股權。他這麼做是因為他需要錢擴張公司，支應維持庫存的成本、承擔應收帳款和支付薪資。他的成功製造了現金短缺，出售股票是籌措現金最簡單的方法。

透過釋出三分之一的電腦說公司股票，他確保公司得以生存。他認為擁有一家資金充裕企業的67％股權，好過獨資擁有一家現金短缺、無法施展潛力的公司。

幾年之後，巴克萊將達到需要更多錢的階段，那可能是上市的絕佳時機。在那之前，巴克萊為了追尋他的寶藏而做出重大犧牲。他放棄「真正的工作」，把全部時間投入在自己的公司，只領剛好足以維持基本生活的最低薪資。他用房子抵押二胎貸款的錢做初始投資，所以他的房貸負擔比以前更高。他忙碌到沒有時間休假，也沒有多餘的錢花在度假上。

巴克萊的妻子加班做她的工作，以便儘可能支付家裡的開銷。他們兩人都在家吃飯，避免上昂貴的餐廳。他們不像過去那樣每隔四年買一部新車，現在一直開一部舊車。生活水準大幅下降，但兩人都默默忍受。巴克萊的妻子和他一樣，對電腦說公司充滿信心。

讓我們回到數字的主題，再來看損益表。我們看到公司內部營運的細目：賺了多少錢，以及錢怎麼花掉。在第一年的銷貨收入（Sales Revenue）項目下，我們看到電腦說公司出售價值20萬美元的「介面」。同時，留在公司存款帳戶的現金賺進2,500美元的利息。所

損益表（營運狀況表）

	第1年	第2年	第5年
銷貨收入	200,000	400,000	1,900,000
利息	2,500	1,000	10,000
淨收入	202,500	401,000	1,910,000
成本			
原料與製造勞動成本	110,000	204,000	1,000,000
銷貨及一般總務與行政成本	55,000	111,000	448,000
研發支出	20,000	40,000	210,000
折舊	10,000	24,000	102,000
利息支出	—	6,000	—
總成本	195,000	385,000	1,760,000
聯邦及州稅前盈餘	7,500	16,000	150,000
稅（40%）	3,000	6,000	60,000
淨利	4,500	10,000	90,000
發行在外股份	10,000	10,000	15,000
每股淨利	0.45	1.00	6.00

以電腦說公司第一年總收入是20.25萬美元。用會計的術語來說，這些總收入稱為「淨收入」（Net Revenues）。

在淨收入下面，我們看到大部分淨收入被花在哪裡。這是成本（Costs）部分，有原料成本和製造勞動成本，還有企業營運和促銷產品牽涉的銷貨及一般總務與行政成本（selling, general, and administrative costs, SG&A）。

在第一年，你也會注意到巴克萊花了2萬美元在研發上。他嘗試改善「介面」，以提升競爭力，避免被競爭者趕上。

並非所有公司都像電腦說公司有那麼多支出。這是你投資任何股票都必須先考慮的事：這是一個資本密集的事業嗎？它需要龐大資金來供養銷售團隊和研發部門嗎？如果是，許多原本可以落入投資人口袋的錢得花在支出上。

如果你投資一家採砂石公司，研發的成本將是零，因為公司不需要改進砂石的品質，以跟上科技進步。此外，銷售成本也會很低，因為公司不需要僱用複雜的銷售團隊來行銷砂石。

同樣的，在一家擁有連鎖漢堡店的公司，研發部門會很小，因為要改善漢堡很困難，而銷售人力的薪資可以很低，因為銷售漢堡不需要高學歷。

在巴克萊的行業，僱用低薪的銷售人力可能付出沉重代價，他需要受過訓練的人手，能瞭解「介面」，可以向企業買主和電腦零售商店解釋他的產品。

巴克萊的一部分資本支出，和他所有的研發支出，都是所謂的「自由裁量性」（discretionary）支出。這表示他不一定得花這些錢，他沒有義務做研究或更新他的機器。

任何公司的主管都必須決定該花多少錢在改善和研究上，以及公司沒有這些改善能否過得下去。執行長和公司主管們必須隨時做這類

調整。如果他們吝於研究、或不更新工廠和機器，就得冒著被推出更好產品、以更低成本生產的競爭者摧毀的風險。另一方面，如果他們削減資本和研發支出，短期內盈餘將大幅上升。

在大部分情況下，盈餘提高會提振股價，讓股東開心。不把錢花在升級和改善上，公司就能發放豐厚的紅利，讓股東更快樂。但如果公司喪失優勢，被競爭者搶走生意，這種快樂將難以持久。公司銷售將下降，盈餘跟著滑落，股價也會下跌。很快的，紅利就發不出來了。

藉由刪除研究和資本支出，巴克萊可以投機取巧，獎賞自己豐厚的紅利。藉提振短期盈餘，他可以讓公司更賺錢，吸引買家收購他持有的其餘股份。他可以賣光持股，每天打高爾夫球享清福。

但和很多你在第四章讀到的英雄一樣，巴克萊抗拒了賣掉公司的誘惑。他維持資本支出和研發支出的水準，因為他相信公司未來的前景。終有一天，當電腦說公司變成1億美元的事業時，他可以賣掉股份，買兩座高爾夫球場和一架噴射機。但他可能不會這麼做。他會忙著想辦法讓電腦說公司變成一家2億美元的事業。

在研發支出下面，我們看到已經介紹過的折舊。我們也提過，在第一年，巴克萊可以認列1萬美元的折舊，列為成本之一。不久後，巴克萊的設備將變得過時，他必須花1萬美元取代它，這就是政府允許公司扣抵折舊的原因。替換機器、工廠等成本是一項將來必須支付的企業支出。

下一站是聯邦及州稅前盈餘（Earnings Before Federal & State Taxes）。我們看到電腦說公司第一年在繳稅前的盈餘有7,500美元。許多人抱怨國稅局的個人所得稅率太高，但公司也得繳納很可觀的稅。在7,500美元的盈餘中，電腦說公司必須繳納40％的稅給政府，大約是3,000美元；剩下來的就是損益表中4,500美元的淨利（Net Income）。如果公司不發放股利（電腦說公司就不發放），「淨利」就和「保留盈餘」相同，用一般人的說法，那就是「獲利」。

電腦說公司成長很快，各項數字都迅速攀升，到第五年年底，公司銷售的「介面」已接近200萬美元，原料和勞動支出達100萬美元，研發支出為21萬美元。年度研發預算現在已是巴克萊當初投資公司時的兩倍多。電腦說公司一年的獲利達9萬美元。

現金流量表（Cash Flow Statement）協助你追蹤錢從一個地方移往另一個地方。第一年的淨利4,500美元再度出現在資金（Funds）這部分，同時折舊的1萬美元消失。加上巴克萊購買初始1萬股股票的10萬美元，還有應付帳款增加1萬美元，總資金來源（Total Souces of Funds）一共是12.45萬美元。

資金運用（Use of Funds）詳細交代更多支出：巴克萊花5萬美元在廠房設備；3萬美元在庫存；1.95萬是應收帳款。當你把現金流入的12.45萬美元，減去現金流出的9.95萬美元，剩下2.5萬美元，這就是從第一年資產負債表第一行出現的現金（Cash）。這種項目的對稱對會計師來說十分重要。

恭喜！你已經完成史上最簡短的會計課程。現在你已經有了基礎的認識，可以開始看真正的年度財報，你將開始瞭解其中的許多數字了。

現金流量表

現金來源	第1年	第2年	第5年
營業活動產生之現金流			
淨利	4,500	10,000	90,000
折舊	10,000	24,000	102,000
	14,500	34,000	192,000
應付帳款增加	10,000	10,000	50,000
融資產生之現金流			
出售普通股	100,000	—	—
短期債務孳息	—	121,000	—
長期債務孳息	—	—	—
	100,000	121,000	0
總資金來源	124,500	165,000	242,000

資金使用

	第1年	第2年	第5年
增加不動產、廠房和設備	50,000	70,000	160,000
增加庫存	30,000	50,000	80,000
增加應收帳款	19,500	30,000	60,000
收購業務	—	—	—
償還短期債務	—	—	—
償還長期債務	—	—	—
發放股利給股東	—	—	—
總資金使用	99,500	150,00	300,000
年度初始現金	0	25,000	238,000
現金增加（減少）	25,000	15,000	(58,000)
年度結束現金	25,000	40,000	180,000

國家圖書館出版品預行編目資料

彼得林區學以致富 / 彼得‧林區 (Peter Lynch)、約翰‧羅斯查得 (John Rothchild) 著;吳國卿譯.
-- 初版. -- 臺北市:財信, 2013.08
　面;　公分. -- (投資理財 ; 163)
譯自:Learn to Earn : A Beginner's Guide to the Basics of Investing and Business
ISBN　978-986-6165-85-6 (平裝)
1.投資　2.資本主義

563.5　　　　　　　　　　　　　　　　　　　　　　　　　102012499

LEARN TO EARN : A BEGINNER'S GUIDE TO THE BASICS
OF INVESTING AND BUSINESS
by Peter Lynch with John Rothchild
Copyright © 1995 by Peter Lynch
This edition arranged with SIMON & SCHUSTER, INC.
through Big Apple Agency, Inc., Labuan, Malaysia.
Traditional Chinese edition copyright © 2013 Wealth Press
All rights reserved.

IF163

彼得林區學以致富

作者‧彼得 林區 Peter Lynch、約翰 羅斯查得 John Rothchild｜譯者‧吳國卿｜總編輯‧謝金河｜主編‧陳盈華｜視覺設計‧陳文德｜行銷企劃‧呂鈺清｜發行部‧黃坤玉、賴曉芳｜出版者‧財信出版有限公司 10444 台北市中山區南京東路一段 52 號 11 樓｜訂購專線‧886-2-2511-1107／訂購傳真‧886-2-2511-0185｜郵撥‧50052757 財信出版有限公司｜部落格‧http://wealthpress.pixnet. net/blog｜FACEBOOK‧http://www.facebook.com/wealthpress｜印製‧沈氏藝術印刷股份有限公司｜總經銷‧聯合發行股份有限公司 23145 新北市新店區寶橋路 235 巷 6 弄 6 號 2 樓／電話 886-2-2917-8022 初版二刷‧2013 年 8 月｜定價‧300 元｜有著作權‧侵犯必究｜本書如有缺頁、破損、裝訂錯誤,請寄回更換。